よくわかる
建築構造力学 I

土方 勝一郎
隈澤 文俊
椛山 健二
岸田 慎司
小澤 雄樹
［著］

森北出版株式会社

はじめに

本書は，大学生・高専生などの初学者を対象とした建築構造力学の教本です．

建物を計画／設計／施工するには，意匠や計画分野の知識ばかりではなく，構造／材料／環境といったエンジニアリング系の広範な知識が必要です．建物の設計では，建築構造の知識をもとに，構造的な検討が入念に行われます．建築構造は，建物の安全面で大きな重責を担っており，その基礎となるのが本書で学ぶ構造力学です．なお，建物を設計するのに必要な国家資格である「建築士」は，扱う規模などに応じて一級建築士，二級建築士，木造建築士という三つの種類に分かれていますが，そのいずれにも試験科目として「建築構造」があります．つまり，建築士として社会で活躍するためにも，建築構造の知識は必要不可欠です．

本書は2分冊構成となっており，I巻では「静定構造」を，II巻では「不静定構造」を主に扱います．本書のI巻では，静定構造を対象として，部材に作用する応力を求める計算方法について学びます．ここでは，片持ち梁，単純梁，ラーメン，トラスといった建築構造を学ぶうえで基本的な構造物を取り上げています．

I巻で説明する内容は，今後建築構造を学んでいくうえできわめて重要ですが，構造力学を苦手としている学生は少なくありません．そこで本書では，構造力学を学ぶうえで必要な基礎知識である「力の合成・分解・釣り合い，モーメントの釣り合い」などについて，導入部にまとめました．また，各種建築構造の計算に入る前には，構造物に作用する荷重や構造形式の要点などの基礎的事項をていねいに説明しました．さらに，計算では，符号や座標系を明確にしたうえで，式の展開も途中を極力省略することなく，わかりやすく示すよう配慮しました．演習問題も十分に用意し，理解度を確認しながら読み進めることができますので，焦らずにしっかり基礎を身につけていってください．なお，他の教科書では最初の部分で説明することの多い静定・不静定構造については，トラス構造まで学んでからのほうが理解しやすいため，本書では第8章で説明しています．

I巻で説明する静定構造物の計算手法を正しく理解し，順を追って学び進めていけば，II巻のより高度な内容も必ずや習得することができるでしょう．

2020年2月　　　　　　　　　　　　　　　　　　　　　　　　　著　者

目　次

●構造力学で使用する記号

ギリシャ文字一覧

小文字	大文字	ローマ綴り	日本での読み方	小文字	大文字	ローマ綴り	日本での読み方
α	A	alpha	アルファ	ν	N	nu	ニュー
β	B	beta	ベータ	ξ	Ξ	xi	クサイ（グザイ）
γ	Γ	gamma	ガンマ	o	O	omicron	オミクロン
δ	Δ	delta	デルタ	π	Π	pi	パイ
ε	E	epsilon	イプシロン	ρ	P	rho	ロー
ζ	Z	zeta	ゼータ	σ	Σ	sigma	シグマ
η	H	eta	イータ	τ	T	tau	タウ
θ	Θ	theta	シータ	υ	Y	ypsilon	ウプシロン
ι	I	iota	イオタ	ϕ	Φ	phi	ファイ
κ	K	kappa	カッパ	χ	X	chi	カイ
λ	Λ	lambda	ラムダ	ψ	Ψ	psi	プサイ
μ	M	mu	ミュー	ω	Ω	omega	オメガ

構造分野におけるギリシャ文字の使用例

文字	読み	意　味	単位
γ	ガンマ	せん断ひずみ度（せん断力によるせん断変形角）[shear strain]	rad
δ	デルタ	たわみ（応力による変形量）	mm
ε	イプシロン	ひずみ度（変形量を元の長さで除した値）[strain]	—
η	イータ	軸力比（軸方向の作用応力度を材料強度で除した値）	—
θ	シータ	たわみ角（変形角），節点回転角	rad
κ	カッパ	形状係数（断面に作用する最大せん断応力度を平均せん断応力度で除した値）	—
λ	ラムダ	細長比（座屈長さを断面二次半径で除した値）	—
μ	ミュー	塑性率（変形量を降伏変形量で除した値）[ductility factor]	—
ν	ニュー	ポアソン比[Poisson's ratio]	—
ρ	ロー	曲率半径（曲率の逆数）[radius of curvature]	mm
σ	シグマ	応力度（単位面積あたりの作用応力）[stress]	N/mm^2
τ	タウ	せん断応力度（単位面積あたりのせん断応力）[shear stress]	N/mm^2
ϕ	ファイ	曲率（曲率半径の逆数）[curvature] たわみ角法における基本公式の項の一つ[II 巻参照]	1/mm kN·m
ψ	プサイ	たわみ角法における基本公式の項の一つ[II 巻参照]	kN·m

構造力学を学ぶにあたって

構造力学では，その名のとおり構造にかかわる力学を学ぶ．本書では，構造ごと，手法ごとに学んでいくが，まず第1章では，建築学における構造力学の役割を説明するとともに，力学を考えるにあたって基本となる単位や数値の計算について説明する．

1.1 ▶ 構造設計の基礎となる構造力学

建物を実際の形にするためには，住む人，使う人のことを考えて適切に設計し，設計図どおりに造り上げる（施工する）ことが重要である．

簡単にいうと「設計」とは，建物の形や機能を決める「意匠設計」，建物に求められる環境性能を満足させる「設備設計」，そして建物にはたらく力に耐えられるようにする「構造設計」の3本柱で成り立っている．

建物には，地震が生じれば建物を揺らす力「地震力（earthquake load）」，強風が吹けばその風による力「風圧力（wind load）」がはたらく．また，冬季には降雪による力「積雪荷重（snow load）」が加わることもある．その他，建物に載せるものの重さ「積載荷重（live load）」，建物そのものの重さ「固定荷重（dead load）」も建物自身が支えなければならない．建物はこのようないろいろな状況に応じて加わる力に耐え，安全でなければならない．それを確かめるのが構造設計であり，構造力学は構造設計のためのもっとも基本となる学問となっている．この構造力学なくして建物は成り立たない．

1.2 ▶ 構造力学でよく使用される単位

工学の世界では数値には単位が付く．現在，国際的な共通単位として，**国際単位系**（SI：仏語 Système international d'unités，英語 International System of Units）が採用されている．このSIでは，長さ，質量，時間の単位として，それぞれ m（メートル），kg（キログラム），s（秒）が用いられている．ここでは，構造力学に関連する項

目と関係する単位について確認しておこう.

(1) 力

　力の単位には [N]（ニュートン）を使用する. 1 N は 1 kg（キログラム）の質量をもつ物体に $1\,\mathrm{m/s^2}$（メートル毎秒毎秒）の加速度を生じさせる力と定義され, 基本単位で書き表すと,

$$1\,\mathrm{N} = 1\,\mathrm{kg\cdot m/s^2}（キログラムメートル毎秒毎秒）$$

となる. また, ニュートン力学における運動の第 2 法則では, 次式が成り立つ.

$$F = m \times a \tag{1.1}$$

ここで, F は力 [N], m は質量 [kg], a は加速度 $[\mathrm{m/s^2}]$ である.

(2) 質量と重量

　日常生活においては, 質量よりも重量を使用することが多いが, 質量と重量はどのような関係にあるだろうか. たとえば, 体重計で「60.0 kg」と表示された場合, これは質量が 60.0 kg の人が地球上で $1\,g$ の重力加速度を受けた場合の重力（gravity）の大きさを表しており, 正確に表せば「60.0 kgf（キログラム重）」となる. つまり, 重量とは力を表し,「kgf」は質量 1 kg の物体に作用する地球の重力の大きさを基準とした単位になる. この単位は質量と重量の値が同じになるので, 力の大きさをイメージしやすい.

　重力加速度は重力により生じる加速度であり, 万有引力定数 G と区別するため, 通常は小文字を使って g と表記する. この重力加速度は地球上では,

$$1\,g = 980.665\,\mathrm{cm/s^2} = 9.80665\,\mathrm{m/s^2}$$

と決められているが, 厳密には場所によって異なる. 構造計算では

$$1\,g = 980\,\mathrm{cm/s^2} = 9.80\,\mathrm{m/s^2}$$

として用いるのが一般的である.

　1 t（トン）の質量に作用する地球上での重力を [N]（ニュートン）で表すと,

$$1\,\mathrm{tf} = 1 \times 10^3\,\mathrm{kg} \cdot 9.80\,\mathrm{m/s^2} = 9.80 \times 10^3\,\mathrm{kg\cdot m/s^2} = 9.80 \times 10^3\,\mathrm{N} = 9.80\,\mathrm{kN}$$

と表せる. SI による表記法に慣れてほしい.

　ここで, 単位表記に用いる主な接頭語を表 1.1 にまとめる. 体重を「キロ」, 長さを「ミリ」などと表現したりするが, これらはいずれも単位ではない.

表 1.1 単位表記に用いる主な接頭語

記号	読み	意味	記号	読み	意味
k	キロ	10^3	m	ミリ	10^{-3}
M	メガ	10^6	μ	マイクロ	10^{-6}
G	ギガ	10^9	n	ナノ	10^{-9}
T	テラ	10^{12}	p	ピコ	10^{-12}

例題 1.1 重力加速度を $980\,\mathrm{cm/s^2}$（$= 9.80\,\mathrm{m/s^2}$）として，自分の体重を国際単位系（SI）の [N]（ニュートン）で表せ.

- -

解答 $1\,\mathrm{kgf} = 1\,\mathrm{kg} \times 9.80\,\mathrm{m/s^2} = 9.80\,\mathrm{N}$（$1\,\mathrm{kg}$ の質量に作用する重力）

となるので，たとえば，$60.0\,\mathrm{kgf}$ の体重であれば，つぎのようになる.

$$60.0\,\mathrm{kgf} = 60.0\,\mathrm{kg} \times 9.80\,\mathrm{m/s^2} = 588\,\mathrm{N}$$

例題 1.2 重量が $1000\,\mathrm{N}$ ある物体の質量を求めよ.

- -

解答 $1000\,\mathrm{kg \cdot m/s^2} \div 9.80\,\mathrm{m/s^2} = 102\,\mathrm{kg}$

1.3 ▶ 数値の計算

数値には，真値と有効数字がある. 真値とは誤差を含まない指定された値である. 一方，有効数字は以下の 2 種に大別できる.

・誤差を含む測定値において意味のある値. たとえば，小数点以下 1 桁まで測定できる体重計で計った体重 W が「$60.0\,\mathrm{kg}$」（有効桁数は 3）と表示された場合，W は以下の範囲となる. したがって，小数点以下 2 桁目は意味がない.

$$59.95\,\mathrm{kgf} \leqq W < 60.05\,\mathrm{kgf}$$

・円周率 π や $\sqrt{2}$ のような無理数を指定された桁数に四捨五入した値. また，$10 \div 3 = 3.33333\ldots$ のような循環小数を指定された桁数に四捨五入した値. たとえば，円周率は $3.1415\ldots$ であるが，これを有効桁数 3 桁で表すと 3.14，4 桁で表すと 3.142 となる.

本書では，真値と有効数字の計算は以下のように考える.

① 例題や演習問題に出てくる $15\,\mathrm{kN}$，$100\,\mathrm{kN \cdot m}$ などの数値は誤差を含まない真値として計算する. また，「柱の寸法は $50\,\mathrm{cm} \times 50\,\mathrm{cm}$ である」のような記述が出てくるが，これも真値として計算する.

② 有効数字に関しては，本書では上記の「誤差を含む測定値」は扱わない．一方，無理数や循環小数は，必要に応じて 3 桁あるいは 4 桁の有効数字に丸めて計算する．また，$\sqrt{2}$ のような無理数はそのまま答えに用いる場合も許容する．

③ 真値どうしの加減算，乗除算の結果は真値となる．したがって，結果をそのまま表記しても正解である．ただし，構造計算でよく用いる 3 桁あるいは 4 桁の有効数字に四捨五入し，2.03×10^4 のような表記も採用する．この場合，20300 のように表記することは，どこまでが有効数字かわからないためできるだけ避ける．

④ 真値である 1004 と真値である 1003 を加えた値 2007 を有効数字 3 桁で表すと 2.01×10^3 となる．このとき，はじめから有効数字 3 桁として計算すると，$1.00 \times 10^3 + 1.00 \times 10^3 = 2.00 \times 10^3$ となり誤差が生じる．真値による計算では，計算途中で有効数字に丸めることはできるだけ避け，最後に四捨五入するよう注意する．

⑤ 有効数字どうしの乗除計算の結果は，桁数の少ない有効数字に合わせる．また，真値と有効数字の乗除計算の結果は有効数字の桁数に合わせる．たとえば，真値である 101 に有効桁数を 3 桁とした円周率 3.14 を乗じた値は 317.14 となるが，円周率の有効桁数を 3 桁としている以上，答えの有効桁数も 3 桁となる．この場合，3.17×10^2 のように表記する．

なお，本書では基本的に出てこないが，実際の構造計算では有効数字どうしで計算することが一般的である．これに関しては，付録 A で説明する．

第2章

構造力学の基礎

　構造力学の問題を考えるにあたって，まず力とモーメントの概念を理解しておく必要がある．また，構造物の種類とその特徴，各種荷重についても理解しておきたい．本章では，このような構造力学の基礎について説明する．

2.1 ▶ 力とモーメント

　構造力学では，力の釣り合い，回転させる力であるモーメントの釣り合いを考えることが基本であり，それらの概念を正しく理解しておく必要がある．力の合成や分解などの扱い方も含めて説明していこう．

■2.1.1 力

　力（force）とは，物体の運動状態や形状を変化させる作用である．力を定量的に表す方法には，その大きさのみを**スカラー**（scalar）として表記するものと，図2.1のように，大きさと向きをもった量として定義する**ベクトル**（vector）として表記するものがある．力が作用する点を**作用点**といい，この点を通って力の方向に引いた線を**作用線**という．また，力の方向は基準となる軸（基線）から作用線までのなす角度で表される．

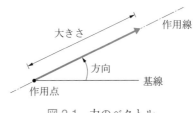

図 2.1　力のベクトル

■2.1.2 モーメント

　モーメント（moment）とは，物体を回転させる力のことである．ナットをスパナ

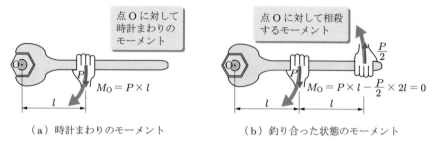

（a）時計まわりのモーメント　　　（b）釣り合った状態のモーメント

図2.2　モーメントの考え方

で締め付ける状況を思い浮かべてほしい．図2.2(a)のように，ナットの中心点Oから距離 l の位置でスパナを握って力 P でナットを締めれば，ナットを回転させようとするモーメント M_O は，

$$M_O = P \times l \tag{2.1}$$

で表せる．この「距離 l は点Oから力 P の作用線までの最短距離」であり，点Oから力 P の作用線に下ろした垂線の長さである．これを「腕の長さ」という（図2.3）．

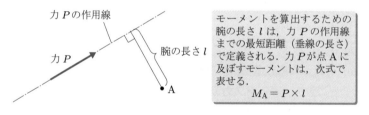

図2.3　モーメント算出のための腕の長さ

　モーメントの符号は，時計まわりに回転する方向を正，反時計まわりを負に設定するのが一般的なので，図2.2(a)に示す場合は正となる．また，式(2.1)から，ナットからスパナを握る位置までの距離を2倍にすれば，半分の力でも同じモーメントを得られることがわかる．そのモーメントが逆向きに加われば，図(b)に示すように，点Oにおけるモーメントは釣り合う（スパナが動かない）ことになる．

■2.1.3　力の合成・分解・釣り合い

　複数の力を一つの力に合成したり，一つの力を複数の力に分解したりすることができる．たとえば，図2.4のように，水の入ったバケツの把手（とって）にロープをかけて，2人で持ち上げている状態を考えてほしい．2人がバケツを持ち上げようとするそれぞれの力（$\vec{P_1}$, $\vec{P_2}$）の大きさは必ずしも等しい必要はなく，いずれの力も真上を向いていなくてもよいが，それらを合成した力 $\vec{R}$ は真上を向き，水の入ったバケツの重量 W と

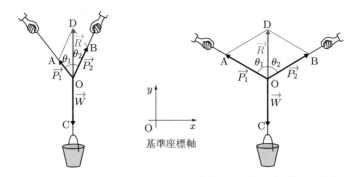

（a）3力の大きさが異なる場合　　　（b）3力の大きさが等しい場合

図2.4　3力の釣り合い

釣り合うことになる．つまり，$\vec{P_1}$ と $\vec{P_2}$ の合力 $\vec{R}$ は $\vec{W}$ と大きさが同じで，向きが反対の力である．基準座標系を図 2.4 に示すように設定し，x 方向および y 方向の力の釣り合いを確認する．ここで，P_1，P_2 は $\vec{P_1}$，$\vec{P_2}$ の大きさ（スカラー量）とする．

▶ x 方向の力の釣り合い：$-P_1 \times \sin\theta_1 + P_2 \times \sin\theta_2 = 0$ （2.2）

▶ y 方向の力の釣り合い：$P_1 \times \cos\theta_1 + P_2 \times \cos\theta_2 - W = 0$ （2.3）

$P_1 = P_2$ とすると左右対称になり，$\theta_1 = \theta_2$ となる．さらに，図 2.4(b)のように，$P_1 = P_2 = W$ が成り立つとすると，$\theta_1 = \theta_2 = \theta$ とおいて，Y 方向の力の釣り合いは以下のように簡略化できる．

$$2 \times W \times \cos\theta - W = 0 \tag{2.4}$$

$\cos\theta = 1/2$ となり，$\theta = 60°$ となる（下記，「三角関数の復習」参照）．

このように，複数の力を合成して一つの力にまとめることができる．逆に，一つの力を複数の力に分解することもできる．

■三角関数の復習

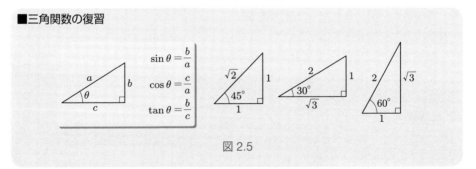

$$\sin\theta = \frac{b}{a}$$
$$\cos\theta = \frac{c}{a}$$
$$\tan\theta = \frac{b}{c}$$

図 2.5

（1）一点に作用する力の合成

点 O を作用点とする三つの力 $\vec{P_1}$，$\vec{P_2}$，$\vec{P_3}$ の合成について考える．作図に基づく図

解法と数値を用いた計算による数値解法がある.

a) 図解法

図解法とは,数値計算を行わず作図により図学的に力を合成する方法である.二つのベクトルを2辺とする平行四辺形の対角線を順次求めることによって,複数の力の合力ベクトルを求める.

図2.6(a)に示す一点に作用する3力の合成について説明する.最初に二つの力 $\vec{P_1}$, $\vec{P_2}$ を合成する. $\vec{P_1}$, $\vec{P_2}$ はそれぞれ $\overrightarrow{OA}$, $\overrightarrow{OB}$ なので,それらを合成したものは $\overrightarrow{OA} + \overrightarrow{OB} = \overrightarrow{OD}$ となる(図(b)).つぎにこの $\overrightarrow{OD}$ と $\vec{P_3}$ の合成を考える. P_3 は $\overrightarrow{OC}$ なので,これらを合成したものは $\overrightarrow{OD} + \overrightarrow{OC} = \overrightarrow{OE}$ となる.これが三つの力 $\vec{P_1}$, $\vec{P_2}$, $\vec{P_3}$ の合力 $\vec{R}$ に相当する.このように,二つの力の合成を順番に求めていけば,いくつでも力を合成することが可能である.

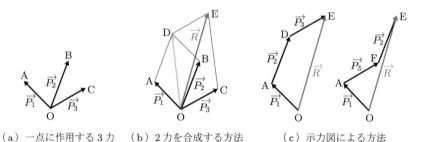

（a）一点に作用する3力　（b）2力を合成する方法　（c）示力図による方法

図2.6　一点に作用する3力の合成（図解法）

また,力はベクトルなので,ベクトル表記した力の矢印をつなげることで図2.6(c)のように描くこともできる.三つのベクトル $\vec{P_1}$, $\vec{P_2}$, $\vec{P_3}$ を合成したものはベクトル $\vec{R}$ と一致する.すなわち, $\vec{R} = \vec{P_1} + \vec{P_2} + \vec{P_3}$ となる.ここで, $\vec{P_2}$ と $\vec{P_3}$ の順番を入れ換えて合成し, $\vec{R} = \vec{P_1} + \vec{P_3} + \vec{P_2}$ としてもベクトル $\vec{R}$ としては同じ結果が得られる.この過程を図に表したものを示力図とよぶ.

複数の力が釣り合ってはたらいている場合,その示力図は閉じた形となる.たとえば,図2.7(a)のように,合力 R の逆向きの力を $\vec{P_4}$ として,点Oに作用している場合,示力図のベクトルの終点は点Oに一致し,図(b)のように,示力図は閉じることになる.

b) 数値解法

数値解法とは,具体的な数値計算を行うことで力を合成する方法である.

図2.8に示すように, x 軸, y 軸からなる座標系の原点Oに,三つの力 $\vec{P_1}$, $\vec{P_2}$, $\vec{P_3}$ が作用しているものとする.それぞれのベクトルと x 軸のなす角度を θ_1, θ_2, θ_3 とし, x 軸方向成分を X_1, X_2, X_3, y 軸方向成分を Y_1, Y_2, Y_3 とする.合力ベクト

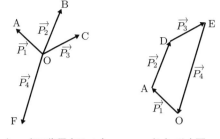

（a）一点に作用する4力　　　（b）示力図

図 2.7　一点に作用する釣り合う力の合成（図解法）

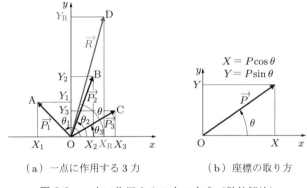

（a）一点に作用する3力　　　（b）座標の取り方

図 2.8　一点に作用する3力の合成（数値解法）

ル $\vec{R}$ と x 軸のなす角度を θ とし，x 軸方向成分を X_R，y 軸方向成分を Y_R として，三つの力 P_1，P_2，P_3 とそれらの合力 R の関係は，x 軸方向成分および y 軸方向成分で以下となる．

$$X_1 = P_1 \cos\theta_1, \qquad X_2 = P_2 \cos\theta_2, \qquad X_3 = P_3 \cos\theta_3 \tag{2.5}$$

$$Y_1 = P_1 \sin\theta_1, \qquad Y_2 = P_2 \sin\theta_2, \qquad Y_3 = P_3 \sin\theta_3 \tag{2.6}$$

これは力 $\vec{P_1}$，$\vec{P_2}$，$\vec{P_3}$ を x 軸方向の力成分と y 軸方向の力成分に分解したことと同じである．この x 軸方向と y 軸方向の成分をそれぞれ足し合わせて，その x 軸方向と y 軸方向の成分をもつ力を求めれば，それが合力 $\vec{R}$ ということになる．

三つの力 $\vec{P_1}$，$\vec{P_2}$，$\vec{P_3}$ の x 軸方向と y 軸方向の力成分の合計はそれぞれ，

$$\sum X_i = X_1 + X_2 + X_3 = P_1 \cos\theta_1 + P_2 \cos\theta_2 + P_3 \cos\theta_3 \tag{2.7}$$

$$\sum Y_i = Y_1 + Y_2 + Y_3 = P_1 \sin\theta_1 + P_2 \sin\theta_2 + P_3 \sin\theta_3 \tag{2.8}$$

となる．また，合力 $\vec{R}$ の大きさと x 軸とのなす角度は以下となる．

$$R = \sqrt{\left(\sum X_i\right)^2 + \left(\sum Y_i\right)^2}, \qquad \tan\theta = \frac{\sum Y_i}{\sum X_i}, \qquad \theta = \tan^{-1}\frac{\sum Y_i}{\sum X_i}$$

$$(2.9)$$

例題 2.1 図 2.9 に示すような一点に作用する 2 力の合力および釣り合う力を数値解法および図解法により求めよ.

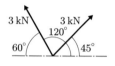

図 2.9 一点に作用する 2 力

解 答 数値解法で解くと,つぎのように求められる.

$$X = 3\cos 120° + 3\cos 45° = -1.5 + 1.5\sqrt{2} = 0.62\,\text{kN （右向き）}$$

$$Y = 3\sin 120° + 3\sin 45° = 1.5\sqrt{3} + 1.5\sqrt{2} = 4.72\,\text{kN （上向き）}$$

$$R = \sqrt{X^2 + Y^2} = 4.76\,\text{kN}$$

合力 $\overrightarrow{R}$ は X,Y 方向成分がともに正であるから,図 2.10(a) に示す第 I 象限に向いている.したがって,その方向は x 軸（正側）より反時計まわりに以下となる.

$$\tan\theta = \frac{Y}{X} = 7.60, \qquad \theta = \tan^{-1}\frac{Y}{X} = 82.5°$$

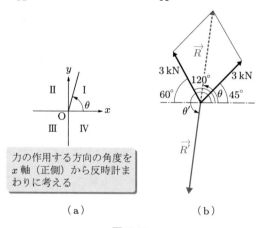

図 2.10

釣り合う力 $\overrightarrow{R'}$ は合力 $\overrightarrow{R}$ と大きさが等しく逆向きの力であるため,$R' = 4.76\,\text{kN}$ で,その方向は x 軸（正側）より反時計まわりに以下となる（図 2.10(b)）.

$$\theta' = 82.5 + 180.0 = 262.5°$$

つぎに，図解法で解く．一点に作用する2力を2辺とする平行四辺形（この例題の場合は菱形）を描くと，その対角線が合力 R となる（図 2.10(b)）．また，合力 R と同じ長さで逆向きの力を描けば，それが釣り合う力 $\overrightarrow{R'}$ である．

（2）一点に作用しない力の合成

複数の力が一点に作用していない場合について考える．図解法で合成することは容易ではなく実務においても使われないため，本書では数値解法のみ紹介する．

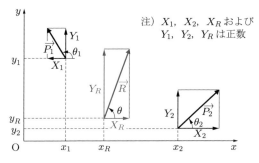

図 2.11　一点に作用しない力の合成

一点に作用しない二つの力 $\overrightarrow{P_1}$，$\overrightarrow{P_2}$ が図 2.11 のように作用している．$\overrightarrow{P_1}$ と $\overrightarrow{P_2}$ と x 軸のなす角度をそれぞれ θ_1，θ_2 とし，x 軸方向成分を X_1，X_2，y 軸方向成分を Y_1，Y_2 とする．$\overrightarrow{P_1}$，$\overrightarrow{P_2}$ の合力を $\overrightarrow{R}$ とし，$\overrightarrow{R}$ と x 軸のなす角度を θ，x 軸方向成分を X_R，y 軸方向成分を Y_R として，二つの力 $\overrightarrow{P_1}$，$\overrightarrow{P_2}$ とそれらの合力 $\overrightarrow{R}$ の関係は次式となる．

$$X_R = \sum X_i (= X_1 + X_2), \qquad Y_R = \sum Y_i (= Y_1 + Y_2) \tag{2.10}$$

この x 軸方向と y 軸方向の成分をもつ力を求めれば，それが合力 $\overrightarrow{R}$ となるので，合力 $\overrightarrow{R}$ の大きさと x 軸とのなす角度は以下となる．

$$R = \sqrt{\left(\sum X_i\right)^2 + \left(\sum Y_i\right)^2}, \qquad \tan\theta = \frac{\sum Y_i}{\sum X_i}, \qquad \theta = \tan^{-1}\frac{\sum Y_i}{\sum X_i} \tag{2.11}$$

それでは，この合力 $\overrightarrow{R}$ の作用線の位置を求めてみよう．

まず，二つの力 $\overrightarrow{P_1}$，$\overrightarrow{P_2}$ の x 軸方向成分が原点に及ぼすモーメントを求める．これが，合力 $\overrightarrow{R}$ の x 軸方向成分 X_R が原点に及ぼすモーメントに等しくなる．すなわち，力 $\overrightarrow{P_1}$，$\overrightarrow{P_2}$ の作用点の x 座標をそれぞれ x_1，x_2，y 座標を y_1，y_2 とし，合力 $\overrightarrow{R}$ の x 座標および y 座標をそれぞれ x_R，y_R とすると，

$$\left(\sum X_i\right) \times y_R = \sum (X_i y_i) \tag{2.12}$$

となる．同様に y 軸方向成分について考えると，

$$\left(\sum Y_i\right) \times x_R = \sum (Y_i x_i) \tag{2.13}$$

となり，これらを解けば合力 $\vec{R}$ の作用線が通る点の座標が次式で求められる．

$$x_R = \frac{\sum (Y_i x_i)}{\sum Y_i}, \qquad y_R = \frac{\sum (X_i y_i)}{\sum X_i} \tag{2.14}$$

すなわち，合力 R はこの点を通り，θ なる傾きを有することとなる．

例題2.2 図2.12に示す一点に作用しない3力の合力 $\vec{R}$ および釣り合う力 $\vec{R'}$ を数値解法により求めよ．

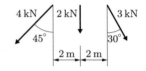

図2.12　一点に作用しない3力

解答　図2.13に示すように，x 軸，y 軸を設定する．三つの力の x 軸方向成分，y 軸方向成分をそれぞれ足し合わせ，合力 $\vec{R}$ の x 軸方向成分 X，y 軸方向成分 Y を求めるとつぎのようになる．

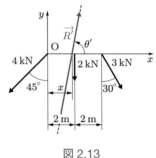

図2.13

$$X = -4\sin 45° + 0 + 3\sin 30°$$
$$= -2\sqrt{2} + 1.5 = -1.33\,\text{kN （左向き）}$$

$$Y = -4\cos 45° - 2 - 3\cos 30°$$
$$= -2\sqrt{2} - 2 - 1.5\sqrt{3} = -7.43\,\text{kN （下向き）}$$

$$R = \sqrt{X^2 + Y^2} = 7.54\,\text{kN}$$

$$\tan\theta = \frac{Y}{X} = \frac{-7.43}{-1.33} = 5.59$$

$$\therefore \theta = \tan^{-1} 5.59 = 79.9° + 180° = 259.9°$$

　一般的に tan の逆関数計算では，θ の値は（$-90°\sim90°$）の範囲で与えられる場合が多い．このため，θ の値は 79.9° と求められる．しかし，本問題では X，Y がともに負であることから，合力 $\vec{R}$ は第3象限に向いており，180° を加える必要がある．このように，tan の逆関数計算では X と Y の符号を考慮して適切な θ の値を求める必要がある．

　合力の作用線が通る点 (x_R, y_R) は，式(2.14)を用いて，つぎのように求められる．

$$x_R = \frac{4\cos 45° \times 0 + 2 \times 2 + 3\cos 30° \times (2+2)}{2\sqrt{2} + 2 + 1.5\sqrt{3}} = 1.94\,\text{m}$$

$$y_R = 0.0\,\mathrm{m}$$

以上から，合力 $\vec{R}$ は（1.94, 0.0）の点を通ることがわかった．三つの力に釣り合う力 $\vec{R'}$ は合力 $\vec{R}$ と大きさが等しく逆向きの力であるため，

$$R' = 7.54\,\mathrm{kN}$$

となり，点 O から右に 1.94 m の点を通り，その方向は x 軸（正側）から反時計まわりに以下となる．

$$\theta' = 259.9 - 180.0 = 79.9°$$

■2.1.4 剛体の釣り合い

あらゆる物体は力を受けると変形するが，構造物を対象として力の釣り合いを考える場合，一般的には変形を無視して考えてよい．どんなに大きな力を受けてもまったく変形しないと仮定したきわめてかたい物体のことを**剛体**（rigid body）という．ここでは，剛体がその場で静止し続ける条件（釣り合い条件）について考える．静止というのは移動したり回転したりしないことなので，剛体の釣り合い条件は以下となる．

▶ 水平方向の力の釣り合い［水平方向に作用している力の合力が 0］
▶ 鉛直方向の力の釣り合い［鉛直方向に作用している力の合力が 0］
▶ モーメントの釣り合い［任意の点におけるモーメントの総和が 0］

ここで，図 2.14(a) のように，長方形の剛体に方向が逆で作用線が一致しない二つの力が作用している場合を考える．釣り合い式を立てるにあたり，x 軸，y 軸およびモーメントの正方向を図のように設定する．

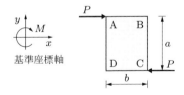
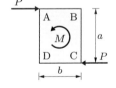

（a）作用線が一致しない 2 力が作用する場合 （b）作用線が一致しない 2 力にモーメントを加えた場合

図 2.14 逆向きの 2 力が作用する剛体の釣り合い

▶ 水平方向（x 方向）の力の釣り合い：x 方向には向きが反対で大きさが同じ 2 力が作用しているので，x 方向に作用している力の合力 $\sum X$ は，つぎのようになる．

$$\sum X = P - P = 0 \tag{2.15}$$

▶鉛直方向（y 方向）の力の釣り合い：y 方向には作用している力がないので，y 方向に作用している力の合力 $\sum Y$ は，つぎのようになる．

$$\sum Y = 0 \tag{2.16}$$

▶モーメントの釣り合い：剛体に作用している 2 力は向きが反対で大きさが等しいので，x 方向にも y 方向にも釣り合っているが，x 方向に作用している 2 力の作用線が一致していないため，剛体を時計まわりに回転させようとするモーメントが生じる．つまり，モーメントは釣り合っていない．

このように，作用線が一致しない，大きさが等しい逆向きの力の組み合わせを**偶力**という．この偶力 $\overline{M}$ は力の大きさ P に作用線間距離 a を乗じたモーメントであり，図2.14(a) の場合はその方向が時計まわりなので次式で表せる．

$$\overline{M} = Pa \tag{2.17}$$

モーメントを釣り合わせるには，$\overline{M}$ を相殺するモーメント M を加えればよい（図2.14(b)）．この状態で点 A におけるモーメントの釣り合い式を立てれば，次式となる．

$$M_\mathrm{A} = Pa - M = 0 \tag{2.18}$$

図2.14(b) では剛体の中心位置にモーメント M を加えているが，このモーメントはどの位置に加えても反時計まわりに剛体を回転させる作用を及ぼす．また，モーメントの釣り合い式も点 A 以外のどの点について立てても同じ式になる．

■**偶力の考え方**

偶力の作用する位置とモーメントの大きさについて調べてみよう．

ある偶力に対して，図2.15 に示すように，任意の座標系を設定し，原点まわりのモーメント M を求めると以下のようになる．

$$M = Pl_2 - Pl_1 = P(l_2 - l_1) = P\Delta l$$

このように，偶力によるモーメントは力の大きさ P と偶力間の距離 Δl のみにより表さ

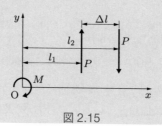

図2.15

れる．つまり，偶力は力の大きさと偶力間の距離が決まれば，任意の点に対して等しいモーメントを与える．

例題 2.3 図 2.16 に示すように，三つの力が作用している物体を考える．これらの力の点 A，B に及ぼすモーメント M_A，M_B を求めよ．また，これらの力が及ぼすモーメントが 0 となる点を点 C としたとき，点 C の位置を図示せよ．

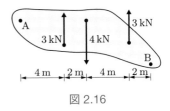

図 2.16

解答 点 A に作用するモーメント M_A は，時計まわりを正としてつぎのようになる．

$$M_A = -3 \times 4 + 4 \times 6 - 3 \times 10 = -18\,\mathrm{kN \cdot m}$$

以上より，M_A は反時計まわりに 18 kN·m となる．

同様に点 B に作用するモーメント M_B は，

$$M_B = 3 \times 2 - 4 \times 6 + 3 \times 8 = 6\,\mathrm{kN \cdot m}$$

となり，M_B は時計まわりに 6 kN·m となる．

つぎに図 2.17 に示すように，点 A から x m の位置に点 C を仮定し，この点についてモーメントの釣り合い式を立てる．

$$M_C = -3 \times (4 - x) + 4 \times (6 - x) - 3 \times (10 - x) = 2x - 18$$

ここで，それぞれの力の点 C からの腕の長さの設定に注意してほしい．$M_C = 0$ を満足する x を求めればよいので，$x = 9$ m となる．以上より，点 C は点 A から右に 9 m の位置の鉛直方向の直線（図中の破線）上にある．

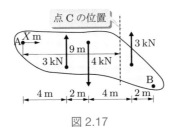

図 2.17

例題 2.4 図 2.18 に示すように，点 O に反時計まわりに 10 kN·m のモーメントが作用するとき，この物体を釣り合わせる力 P_1 と P_2 の大きさを求めよ．

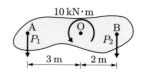

図 2.18

解答 点 A を原点にした，図 2.19 のような座標系を設定する（モーメントは時計まわりを正とする）．

▶ y 方向の釣り合い：$P_1 + P_2 = 0$

▶ 点 A まわりのモーメントの釣り合い：

$$-10 + 5 \times P_2 = 0 \qquad \therefore P_2 = 2\,\mathrm{kN}（下向き）$$

$$\therefore P_1 = -2\,\mathrm{kN}（上向き）$$

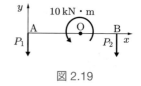

図 2.19

2.2 ▶ 構造力学で扱う構造物と荷重

構造設計のためには，構造力学で対象とする構造物の種類とその特徴について理解しておく必要がある．また，構造物にはたらく荷重およびそれにより構造物に生じる力の種類とその特徴についても理解しておこう．

■2.2.1 構造物に発生する応力

構造物にはいろいろな荷重がはたらくことを第 1 章で説明した．構造物に外部から加わる力のことを**外力**（external force）という．ここで 1 本のチョークを二つのピースに分断する場面を想像してみよう．図 2.20 に示すように，分断の方法として，引きちぎる（図(a)），断ち切る（図(b)），折り曲げる（図(c)）などが考えられるが，チョークに加えられる力はいずれも外力である．

それでは，分断される前のチョークの内部にはどのような力がはたらいているだろうか．外力を受けた物体の内部には外力に応じた力が発生する．この物体内に発生す

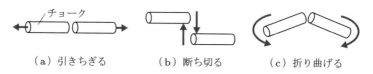

（a）引きちぎる 　（b）断ち切る 　（c）折り曲げる

図 2.20 チョークの分断方法

る力を**応力**（stress）あるいは**内力**（internal force）という．たとえば，物体を仮想的に切断したとき，その切り口が開かず，分割された各ピースが元の位置関係を保つために必要とされる力がその切断面に作用する応力（内力）ということになる．

　簡単のために，物体の両端に引張力のみが作用している場合について，外力と応力（内力）の関係をみてみよう（図 2.21）．ここで，中央位置で物体を仮想的に切断した状態を考える．両ピースをその場所に留め，切断面にずれを生じさせないためには，引張力と同じ大きさで反対向きの力を切断面に作用させればよい．つまり，この仮想の切断面に作用している力が応力（内力）ということになる．この応力が外力と釣り合うことにより，両ピースはその場に留まっていられると考えることができる．なお，図のように，本書では内力を青矢印で示す．

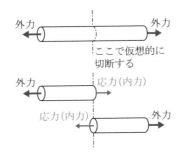

図 2.21　引張力（外力）と物体内に生じる応力（内力）

　仮想断面によって分割された各ピースのことを**自由体**（free body）という．左右の自由体の仮想断面に作用する応力（内力）は，「作用反作用の法則」に従い，大きさが等しい逆向きの力である．

　この断面を引張る方向の力を**引張力**（tensile force）という．これと逆向きの力であれば，**圧縮力**（compressive force）というが，いずれも材軸方向に作用する力なので，総じて**軸方向力**（axial force）あるいは単に**軸力**という．

　図 2.20 に示したように，物体にはいろいろな外力が作用するため，仮想的に切断して考えた断面には軸方向と直交する方向の応力や回転させるような応力が複合的に作用することになる．この材軸と直交する方向の応力を**せん断力**（shearing force）という．そして，折り曲げるような応力を**曲げモーメント**（bending moment）という．また，ねじる力のことを**ねじりモーメント**（torsional moment）というが，通常，構造物の部材には，ねじりモーメントは作用しないと考えるため，仮想的に切断して考えた断面には軸力，せん断力，曲げモーメントが複合的に作用していると考えて差し支えない．それぞれの外力と切断面に作用する応力（内力）との関係を図 2.22 にまとめる．この外力と応力（内力）の関係については，II 巻 9.1.1 項にも詳しい記述がある

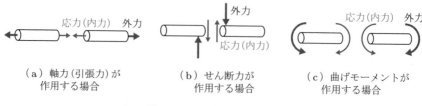

（a）軸力（引張力）が
　　作用する場合
　　　　（b）せん断力が
　　　　　　作用する場合
　　　　　　　　　（c）曲げモーメントが
　　　　　　　　　　　作用する場合

図 2.22　外力と内力の関係

ので参照してほしい.

■2.2.2　構造物の種類

　構造物（structure）は，一つあるいは複数の**部材**（member）で構成されている．部材は線材と面材に大別され，線材には直線材と曲線材がある．本書では，簡便のため，直線材に限定して取り扱うことにする．一般に，水平部材を**梁**（beam），鉛直部材を**柱**（column）という．梁は曲げモーメントとせん断力を負担し，柱は曲げモーメント，せん断力，軸力を負担する．また，壁（wall）や床スラブ（slab）は面材という分類になるが，ここでは線材を対象に説明する.

　構造力学では，建築物を理想化した簡単なモデルに置き換えて考えることで対象をより単純化し，明確化する．たとえば，図 2.23 に示すように実際の建築物は立体であ

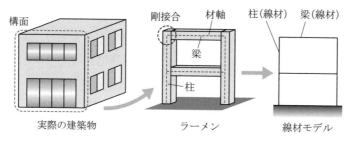

構面　　　　　　剛接合　材軸　柱（線材）梁（線材）
　　　　　　　　　　　梁
　　　　　　　　　柱

実際の建築物　　　　ラーメン　　　　線材モデル

（a）たとえば，鉄筋コンクリート造のビル

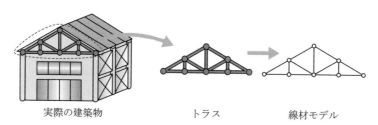

実際の建築物　　　　トラス　　　　線材モデル

（b）たとえば，鉄骨造の体育館

図 2.23　建築物の力学モデルへの置換

るが，構面とよばれる骨組に着目し，簡略化して考える．最終的には，部材の材軸を通る線材モデルに置き換え，平面的な骨組として考えていくことになる．

　構造物が複数の部材から構成される場合，部材と部材の接合点を**節点**（node）という．部材の接合する角度が変わらないように剛に接合（**剛接合**（rigid joint））して骨組を構成したものを**ラーメン**（Rahmen. 第6章参照）といい，この剛接合した接合点を**剛節点**（rigid node）という．この剛節点では，節点を構成する部材のなす角度が不変なので，あたかも一つの部材のように挙動し，軸力，せん断力，曲げモーメントを伝達する．

　一方，部材の接続角度が自由に変えられるように接合（ピン接合）して骨組を構成したものを**トラス**（truss. 第7章参照）といい，この回転を許容する接合点を**ピン節点**（pin node）という．ピン節点は自由な回転を許容するために曲げモーメントを伝達せず，軸力とせん断力のみを伝達する．このトラス構造の特徴については，7.1節で詳しく説明する．

■**「ラーメン」の語源**
　ラーメン（Rahmen）は「額縁」という意味のドイツ語であり，英語では rigid frame という．「ラーメン」という響きから真っ先に連想するであろう「拉麺」との関連性はなく，まったくの別物である．

■**2.2.3　支点と反力**
　構造物は地盤あるいは他の構造物によって支えられている．構造物にはそれ自身の重さ（固定荷重）を始めとするさまざまな荷重が作用することは第1章で説明したが，この荷重を支える抵抗力のことを**反力**（reaction force）という．この荷重を支持する点を**支点**（support）とよび，この支点に作用する反力のことを支点反力という．

　支点には，図2.24に示すように，ローラー支点，ピン支点，固定支点の3種類がある．

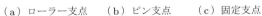

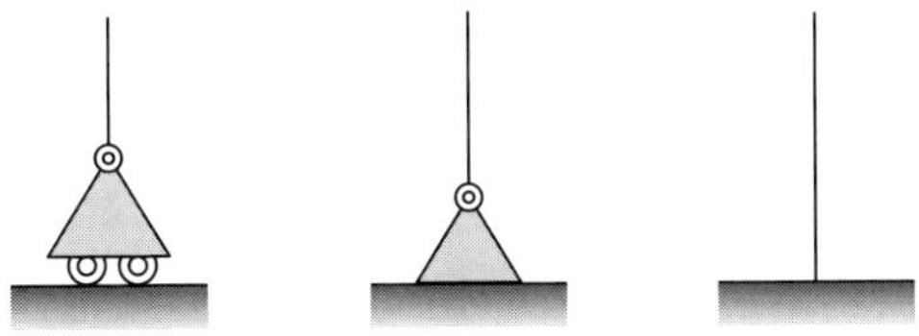

（a）ローラー支点　　（b）ピン支点　　（c）固定支点

図 2.24　支点の種類

(1) ローラー支点

ローラー（roller）で支持された部材は，ローラーが転がる方向に支点を移動させることができ，また支点を回転中心として，その方向を変えることができる（図 2.25）．この支点では，ローラーが転がる方向と直交する方向には支点は移動できない．図に示すような水平方向の移動支点の場合，鉛直方向には移動できないため，その方向には支点をそこに留めるための応力（反力）が必要となる．すなわち，ローラー支点には一つの支点反力が生じる．

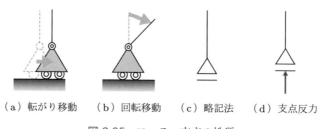

（a）転がり移動　　（b）回転移動　　（c）略記法　　（d）支点反力

図 2.25　ローラー支点の性質

(2) ピン支点

ピン（pin）で支持された部材は，支点を回転中心として，その方向を変えることができる（図 2.26）．しかし，いずれの方向にも移動することができないため，支点をそこに留めるため，水平方向および鉛直方向に応力（反力）が必要となる．すなわち，ピン支点には二つの支点反力が生じる．

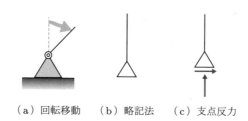

（a）回転移動　　（b）略記法　　（c）支点反力

図 2.26　ピン支点の性質

なお，同じピン支点でも複数の部材を支持する場合には，注意が必要である．図 2.27 に示す二つのピン支点モデルは似ているが，実際の性状はまったく異なる．図(a)のように連続する梁をピンで支持する場合，梁は支点で折れ曲がらずシーソーのように回転移動する．一方，図(b)のようにピンを介して支点に 2 本の梁が取り付く場合，それぞれの梁は別々に回転移動することができる．

(3) 固定支点

固定（rigid）条件で支持された部材は，支点を回転中心とした方向変換もいずれの

（a）連続する梁をピンで支持する場合

（b）ピンを介して2本の梁を支持する場合

図 2.27 ピン支点の違い

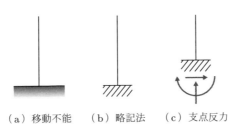

（a）移動不能 　（b）略記法 　（c）支点反力

図 2.28 固定支点の性質

方向への移動もできない（図 2.28）．支点をそこに留めるため，水平方向・鉛直方向への移動および回転を拘束するための応力（反力）が必要となる．すなわち，固定支点には三つの支点反力（二つの力と一つのモーメント）が生じる．

■2.2.4　荷重のかかり方

構造力学で取り扱う荷重のかかり方について整理しておこう．

図 2.29 に示す，第 3 章で学ぶもっとも単純な構造物である片持ち梁で考える．右端は固定支点で左端は支点ではないが，いずれも節点として扱うので注意してほしい．右側の節点を固定端，左側の節点を自由端という．

（1）集中荷重

図 2.29 のように，任意の点に集中的に加わる荷重を**集中荷重**（concentrated load）といい，P で表す．単位は力の単位に等しく，[N]，[kN] などである．

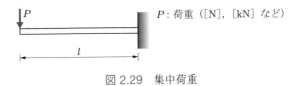

図 2.29 集中荷重

図2.29では，重力による荷重を想定して下向きに荷重を作用させているが，荷重の種類によっては必ずしも下向きに加わるとは限らない．上向きや斜め方向に荷重が作用する場合もある．

(2) 分布荷重

図2.30のように，全荷重 W がある長さ l に分布する荷重を**分布荷重**（distributed load）といい，w で表し，その大きさは以下のように求められる．

$$w = \frac{W}{l} \tag{2.19}$$

分布荷重は単位長さあたりの力の大きさなので，その単位は [N/m]，[kN/m] などである．

実構造物には不均等に荷重量が分布することがほとんどだが，対象を単純化して均等に分布する荷重として表すことが少なくない．この均等な分布荷重を**等分布荷重**といい，図2.30(a)のように表記する．図に示す略記法で分布荷重を表す場合も少なくないので理解しておくとよい．

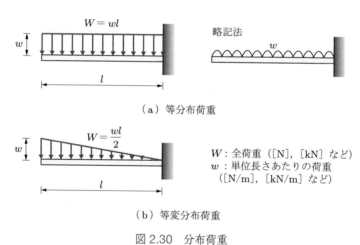

（a）等分布荷重

W：全荷重（[N]，[kN] など）
w：単位長さあたりの荷重
　　（[N/m]，[kN/m] など）

（b）等変分布荷重

図2.30　分布荷重

また，分布荷重の値が長さに対して一定の比率で増減していく図2.30(b)に示すような荷重を**等変分布荷重**という．この図では三角形となる分布荷重の例を示しているが，台形の分布荷重となる場合も含め，まとめて等変分布荷重とよぶ．たとえば，図(a)に示した等分布荷重に図(b)に示した等変分布荷重を加えると荷重分布は台形となるが，これも等変分布荷重である．

支点反力や応力の計算では，分布荷重は力の大きさとモーメントの大きさが等しい集中荷重に置換して計算する．具体的には，次式によって，大きさ P，作用位置 L の集中荷重に置換する（図2.31(a)）．

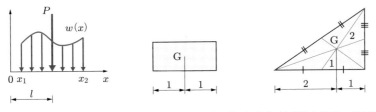

（a）集中荷重への置換　（b）等分布荷重の重心位置　（c）等変分布荷重の重心位置

図 2.31　分布荷重から集中荷重への置換

$$P = \int_{x_1}^{x_2} w(x)\mathrm{d}x \tag{2.20}$$

$$P \times l = \int_{x_1}^{x_2} w(x)x\mathrm{d}x \tag{2.21}$$

　式 (2.21) は，集中荷重の作用位置は分布荷重を図形（単位面積あたりの重量が一定）と考えたときの重心になることを表している．したがって，等分布荷重の場合には，図 2.31(b) のように集中荷重の作用位置は $l = (x_1 + x_2)/2$ となる．つまり，荷重の作用する領域を 1 : 1 に内分する位置となる．つぎに，直角三角形形状の等変分布荷重の場合を考える．三角形の頂点と向かい合う辺の中点（2 分する点）を結ぶ三つの線分は一点で交わり，交点は線分を 2 : 1 に内分し，この点が重心 G となる．したがって，図 (c) のように集中荷重の作用位置は，底辺を 2 : 1 に内分する位置となる．

（3）集中モーメント

　図 2.32 のように，モーメントが集中的に作用する荷重を**集中モーメント**（concentrated moment）といい，M で表す[†]．図では，自由端に時計まわりのモーメントが集中的に作用している．この集中モーメント M の単位はモーメントに等しく，[N·m]，[kN·m] などである．

　外力として集中モーメントをイメージするのは容易ではないが，たとえば，2.1.4 項で説明した偶力が**自由端**（支点で支持されていない端部）に作用している状態を考え

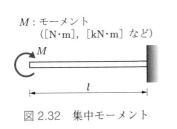

図 2.32　集中モーメント

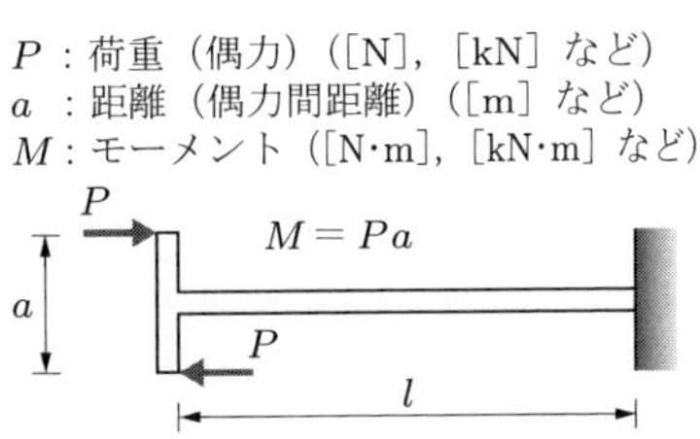

P：荷重（偶力）（[N]，[kN] など）
a：距離（偶力間距離）（[m] など）
M：モーメント（[N·m]，[kN·m] など）

$M = Pa$

図 2.33　偶力により生じる集中モーメント

[†]　集中モーメントは「集中」を省略して，単に「モーメント」と表現する場合が多い．

るとわかりやすい．図 2.33 に示すように，$M = Pa$ なる偶力が作用すると，集中モーメントが作用している場合と同じ状況が作り出せることがわかる．

演習問題 ▶

2.1 図 2.34 に示す 3 力の合力 R の大きさおよび x 軸となす角度 θ（反時計まわりを正とする）を求めよ．

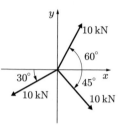

図 2.34

2.2 図 2.35 に示す 5 力の合力の大きさおよび作用線の原点からの距離を求めよ．

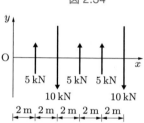

図 2.35

2.3 図 2.36 に示す 3 力の合力の大きさおよび x 軸となす角度（反時計まわりを正とする）を求めよ．また，その合力の作用線が通る座標を求めよ．

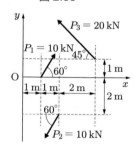

図 2.36

2.4 図 2.37 に示す棒に三つの力が作用している．この棒を釣り合わせるためには，どのような力をどの位置に加えればよいか．

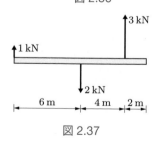

図 2.37

2.5 図 2.38 に示す点 O で回転できる物体を考える。この物体に二つの力および点 O にモーメントが作用している。$P = 0\,\mathrm{kN}$ のとき，これらの力とモーメントが点 O に及ぼすモーメント M_O を求めよ。また，M_O が 0 となるときの P を求めよ。

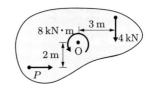

図 2.38

2.6 図 2.39 に示す剛体 ABC について，以下の設問に答えよ。

（1）剛体を x 方向に移動させないために必要な点 A に作用させるべき x 方向の力 P_A を求めよ。

（2）剛体を y 方向に移動させないために必要な点 C に作用させるべき y 方向の力 P_C を求めよ。

（3）P_A，P_C を作用させた状態で，剛体を回転させないために必要な点 B に作用させるべきモーメント M_B を求めよ。

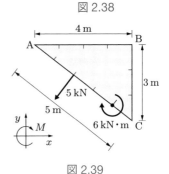

図 2.39

第3章

片持ち梁

端部の一方が固定支点で支持され，他方が自由端の梁を**片持ち梁**（cantilever）という．たとえば，図 3.1 のような飛び込み板は片持ち梁に分類される．本章では，この片持ち梁を対象として，梁の内部に作用する力（軸力 N，せん断力 Q，モーメント M）を求める方法とその考え方について説明する．

図 3.1　片持ち梁の例（飛び込み板）

3.1 ▶ 集中荷重が作用する片持ち梁

構造物には，2.2.4 項で述べたような種々の荷重が作用する．もっとも単純な荷重条件は，集中荷重が鉛直下方に作用した場合である．図 3.2 のように自由端に集中荷重を受ける片持ち梁を考える．まず支点反力を求め，梁に生じる応力を計算し，その結果を応力図にまとめる

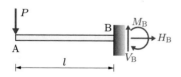

図 3.2　自由端に集中荷重が作用する片持ち梁

図 3.3　反力計算と応力計算での正方向

（1）反力計算

固定支点に生じる三つの反力を求める．図 3.3 に示すように座標系の正方向を仮定し，水平方向，鉛直方向，回転に対する釣り合い式を立てると以下のようになる．

▶ 水平方向の力の釣り合い：$\sum X = 0$ より，$H_\mathrm{B} = 0$ 　　　　　　　　(3.1)

▶ 鉛直方向の力の釣り合い：$\sum Y = 0$ より，$-P + V_B = 0$ $\therefore V_B = P$ (3.2)

▶ モーメントの釣り合い（支点 B 基準）：$\sum M_B = 0$ より，

$$-Pl + M_B = 0 \qquad \therefore M_B = Pl \tag{3.3}$$

このモーメントの釣り合いはどの点について式を立てても，同じ結果が得られる．たとえば，点 A でモーメントの釣り合いを考えた場合，

$$\sum M_A = 0 \text{ より，} -V_B l + M_B = 0 \tag{3.4}$$

$$\text{式}(3.2)\text{より，} M_B = Pl \tag{3.5}$$

となり，同じ結果を得ることができる．このため，式を立てやすい点，計算しやすい点についてモーメントの釣り合い式を立てることが重要である．

以上の計算では，三つの反力がすべて正の値として求められた．これは図 3.2 で仮定した向きに実際の反力も作用することを意味している．もし解が負の値となれば，その設定した方向が逆であったことを意味する．

(2) 応力計算

図 3.2 に示す片持ち梁が釣り合った状態にあれば，自由端にかかる外力が梁を介して固定端に伝達されるということであり，そのためには，梁の内部に外力に応じた何らかの力が作用していることになる．

2.2.1 項で説明したように，仮想の切断面を設けることで梁の内部に生じる応力を計算してみよう．図 3.4 に示すように，自由端である点 A から距離 x の位置で梁を切断し，自由体（free body）として力の釣り合いを考える．左側の自由体の切断面に材軸方向の力 N_x（軸力），断面に直交する方向の力 Q_x（せん断力）およびモーメント M_x（曲げモーメント）を作用させる．作用・反作用の法則により，右側の自由体の切断面には N_x，Q_x，M_x とは逆向きで大きさが同じ力とモーメントが作用することになる．

なお，添え字の「x」は自由端から距離 x の位置という意味である．N_x，Q_x，M_x は各自由体の切断面に生じている抵抗力（応力）であり，梁の内力に相当するものである．

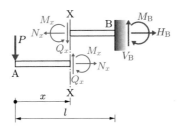

図 3.4 自由体の力の釣り合い

　図3.4にはさまざまな力が描かれているが，P は外力，H，V，M は反力，N_x，Q_x，M_x は応力である．これをふまえて各方向の釣り合いを考える．

▶ 水平方向の力の釣り合い：$\sum X = 0$ より，

$$左側の自由体 \qquad N_x = 0 \tag{3.6}$$

$$右側の自由体 \qquad -N_x + H_{\mathrm{B}} = 0 \qquad \therefore N_x = H_{\mathrm{B}} = 0 \tag{3.7}$$

よって，どちら側の自由体で計算しても，N_x は 0 となり，切断面には材軸方向の力（軸力）が作用していないことがわかる．

▶ 鉛直方向の力の釣り合い：$\sum Y = 0$ より，

$$左側の自由体 \qquad -P + Q_x = 0 \qquad \therefore Q_x = P \tag{3.8}$$

$$右側の自由体 \qquad -Q_x + V_{\mathrm{B}} = 0 \qquad \therefore Q_x = V_{\mathrm{B}} = P \tag{3.9}$$

よって，どちら側の自由体で計算しても Q_x は P となり，切断面には材軸に直交する方向の力（せん断力）が内力として作用していることがわかる．

▶ モーメントの釣り合い（切断面基準）：$\sum M = 0$ より，

$$左側の自由体 \qquad -Px + M_x = 0 \qquad \therefore M_x = Px \tag{3.10}$$

$$右側の自由体 \qquad -M_x - V_{\mathrm{B}}\,(l - x) + M_{\mathrm{B}} = 0$$

$$\therefore M_x = -V_{\mathrm{B}}\,(l - x) + M_{\mathrm{B}} = -P\,(l - x) + Pl = Px \tag{3.11}$$

よって，どちら側の自由体で計算しても，M_x は Px となり，切断面にはモーメント（曲げモーメント）が内力として作用していることがわかる．このモーメントは x の1次関数なので，切断位置に応じて異なる値をとる．

　ここでは切断面の左側と右側の両方の自由体について計算を行ったが，どちらも同じ値を得ることができるので，通常はいずれかの計算を行えばよい．

　以上に示すように，自由端から距離 x の位置で梁に作用する応力を求めることができた．各自由体の切断面に作用する応力（N_x，Q_x，M_x）は，それぞれ同じ大きさで向きが逆である（この例題では，$N = 0$）ことに注意しよう．

　ここで，図3.5に示すように**微小体**を切り出して考えると，この例題では，その切断面に図中に示す方向に Q_x，M_x が作用していることになる．式(3.8)，(3.9)より Q_x は一定数，式(3.10)，(3.11)より M_x は x の1次関数として表され，微小体の両切断

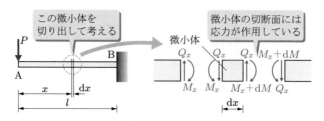

図3.5　微小体に作用する応力

面には Q_x, M_x および Q_x, $M_x + \mathrm{d}M$ が作用することになる．なお，微小体の長さ $\mathrm{d}x$ が十分に小さければ $\mathrm{d}M = 0$ と考えてよい．

　これらの応力により微小体には，図 3.6 に示すような変形が生じる．せん断力 Q は微小体を反時計まわりに回転させる方向の偶力として作用している．また，モーメント M は微小体の上側を引張り，下側を押しつぶす方向に作用し，微小体を上側が凸となる扇形に変形させようとしている．

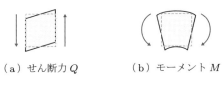

（a）せん断力 Q 　　（b）モーメント M

図 3.6　応力による微小体の変形

（3）応力の符号の一般化

　ここまでの計算では，図 3.6 に示した方向のせん断力と曲げモーメントが得られたが，応力の作用方向は外力の作用する方向や位置などにより変化する．このため，計算する際には応力の正負の方向をあらかじめ決めておいたほうが混乱しない．構造力学では，微小体に作用する応力として一般につぎのような正負のとり方をするので，本書もこれに従うこととする（図 3.7）．

　　軸力（図(a)）　　　　　　：（正）引張方向，（負）圧縮方向
　　せん断力（図(b)）　　　　：（正）作用方向時計まわり
　　　　　　　　　　　　　　　（負）作用方向反時計まわり
　　曲げモーメント（図(c)）：（正）部材下側が凸に変形する方向（下端引張）
　　　　　　　　　　　　　　　（負）部材上側が凸に変形する方向（上端引張）

　自由体の釣り合いを計算する場合は，つぎのように応力の正の方向を定めればよい．図 3.8 には，切断面から左側の自由体で応力を計算する場合と，右側の自由体で応力を計算する場合の正の方向を示す．

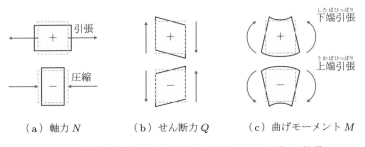

（a）軸力 N 　　　（b）せん断力 Q 　　　（c）曲げモーメント M

図 3.7　応力（軸力，せん断力，曲げモーメント）の符号

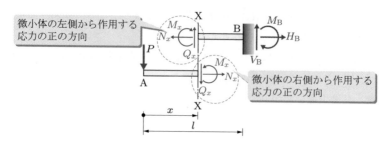

図 3.8　自由体の切断面に作用させる力の方向

　切断面から左側の自由体：自由体には切断面の右側から応力が作用するので，図
　　　　　　　　　　　　　　3.7 の微小体に右側から作用する応力の方向を正とす
　　　　　　　　　　　　　　る

　切断面から右側の自由体：自由体には切断面の左側から応力が作用するので，図
　　　　　　　　　　　　　　3.7 の微小体に左側から作用する応力の方向を正とす
　　　　　　　　　　　　　　る

　計算した応力（N_x, Q_x, M_x）が正の値となれば，図 3.7 の上段に示した正方向に応力が作用しており，負となれば下段に示した負方向の応力が作用していることになる．

（4）応力図

　求められた応力を図示することにより，梁に応力がどのように分布しているかがわかりやすくなる．軸力 N，せん断力 Q，曲げモーメント M が分布する状態を示した図をそれぞれ軸力図（N 図），せん断力図（Q 図），曲げモーメント図（M 図）という．梁の応力図の描き方のルールを図 3.9 に示す．軸力図とせん断力図については，図 3.7 に示した正の応力（軸力は引張方向，せん断力は時計まわり）を梁の上側に描く．また，曲げモーメント図は正の応力（下端引張）を梁の下側に描く．曲げモーメント図のみ負の応力（上端引張）を梁の上側に描くことになるので注意してほしい．なお，このようなルールに従うと，図 3.7(c)に示すように，梁が変形して凸となる方向に曲げ

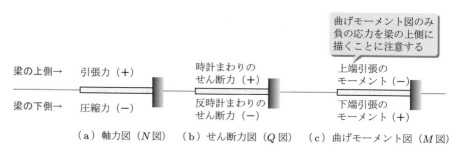

図 3.9　梁（水平材）の応力図の描き方

モーメント図を描くことになる．このため，曲げモーメントの符号をいちいち確認しなくてもモーメント図を正しく作成することができる．

▶ 軸力図（N 図）：この計算例では軸力は 0 なので，応力図は図 3.10(b)のようになる．この際，「0」と表記する．

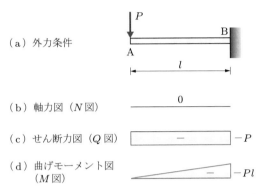

（a）外力条件

（b）軸力図（N 図）

（c）せん断力図（Q 図）

（d）曲げモーメント図（M 図）

図 3.10　自由端に集中荷重が作用する片持ち梁の応力図

▶ せん断力図（Q 図）：図 3.8 に示す符号に従い，あらためてせん断力を計算すると以下のようになる．

$$-P - Q_x = 0 \qquad \therefore Q_x = -P \tag{3.12}$$

せん断力は符号が負の一定値をとるので，せん断力図は図 3.10(c)のようになる．

▶ 曲げモーメント図（M 図）：図 3.8 に示す符号に従い，あらためて曲げモーメントを計算すると以下のようになる．

$$-Px - M_x = 0 \qquad \therefore M_x = -Px \tag{3.13}$$

曲げモーメントは符号が負の x の 1 次関数となるので，曲げモーメント図は図 3.10(d)のようになる．

なお，点 B における支点反力 V_B と M_B は以下の値となる．

$$V_\mathrm{B} = P, \qquad M_\mathrm{B} = Pl \tag{3.14}$$

この値は，点 B におけるせん断力と曲げモーメントと釣り合っていることに注意する．

$$x = l \quad \rightarrow \quad Q_x = -P, \quad M_x = -Pl \tag{3.15}$$

なお，自由端から x 座標をとって応力を求めれば，支点反力を計算することなく応力図を描くことができるが，$x = l$ の位置の応力は支点反力と釣り合うことから，求め

た応力図が正しいことを確認するためにも支点反力をあらかじめ求めておくとよい.

例題 3.1　図 3.11 に示すように，梁の途中に斜めの集中荷重がかかる片持ち梁の応力を求めよ.

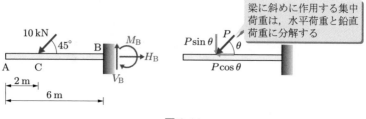

図 3.11

解答　節点 A〜C 部分を消し去って片持ち梁とみれば，自由端の先端に集中荷重が作用する片持ち梁と同様に考えることができる. また，斜めに加わる集中荷重は水平成分と鉛直成分に分解できるので，これら二つの荷重が同時に加わっている状態に置き換えられる.

（1）反力計算

▶ 水平方向の力の釣り合い：$-10\cos 45^\circ + H_B = 0$　　$\therefore H_B = 5\sqrt{2}\,\mathrm{kN}$

▶ 鉛直方向の力の釣り合い：$-10\sin 45^\circ + V_B = 0$　　$\therefore V_B = 5\sqrt{2}\,\mathrm{kN}$

▶ モーメントの釣り合い（支点 B 基準）：

$$-10\sin 45^\circ \times (6-2) + M_B = 0　　\therefore M_B = 20\sqrt{2}\,\mathrm{kN\cdot m}$$

（2）応力計算

外力が作用している点 C の左側（A〜C 間）で梁を切断した状態を図 3.12(a)，点 C の右側（B〜C 間）で切断した状態を図(b)に示す. 切断位置によって自由体へ

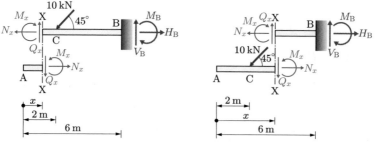

（a）外力作用位置の左側で切断した場合　　（b）外力作用位置の右側で切断した場合

図 3.12　自由体の力の釣り合い

の外力のかかり方が異なるため，自由端からの距離 x の範囲を $0\,\mathrm{m} \leqq x \leqq 2\,\mathrm{m}$ と $2\,\mathrm{m} \leqq x \leqq 6\,\mathrm{m}$ に場合分けして自由体の力の釣り合いを考える必要がある．

なお，左側の自由体の切断面に作用する応力と右側の自由体の切断面に作用する応力は大きさが等しく向きが逆なので，いずれか一方の自由体を取り上げ，剛体としての力の釣り合いを考えればよい．ここでは，左側の自由体について検討する．

● $0\,\mathrm{m} \leqq x \leqq 2\,\mathrm{m}$ の場合

図 3.12(a) からわかるように，左側の自由体には外力も反力もまったく応力が作用しておらず，$Q_x = 0$，$M_x = 0$，$N_x = 0$ となる．

● $2\,\mathrm{m} \leqq x \leqq 6\,\mathrm{m}$ の場合

▶ 水平方向の力の釣り合い：$-10\cos 45° + N_x = 0$ 　　$\therefore N_x = 5\sqrt{2}\,\mathrm{kN}$（引張り）

▶ 鉛直方向の力の釣り合い：$-10\sin 45° - Q_x = 0$ 　　$\therefore Q_x = -5\sqrt{2}\,\mathrm{kN}$

▶ モーメントの釣り合い（切断面基準）：

$$-10\sin 45° \times (x-2) - M_x = 0 \qquad \therefore M_x = -5\sqrt{2}(x-2)$$

$$\begin{cases} x = 2\,\mathrm{m} & \rightarrow & M_x = 0\,\mathrm{kN \cdot m} \\ x = 6\,\mathrm{m} & \rightarrow & M_x = -20\sqrt{2}\,\mathrm{kN \cdot m} \end{cases}$$

（3）応力図

外力が作用する点 C に対し，A〜C 間（$0\,\mathrm{m} \leqq x \leqq 2\,\mathrm{m}$）と B〜C 間（$2\,\mathrm{m} \leqq x \leqq 6\,\mathrm{m}$）で梁に作用する応力が異なっているが，これらを一つの応力図にまとめて示すと図 3.13 のようになる．ここで，応力の符号を併記し忘れないように注意しよう．

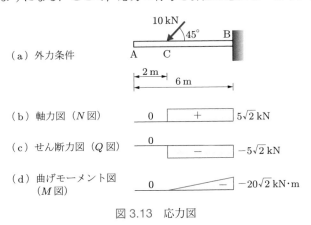

図 3.13 応力図

例題 3.2 図 3.2 に示した自由端にかかる集中荷重と例題 3.1 に示した梁の途中に斜めにかかる集中荷重（図 3.11）が同時に作用する図 3.14 に示す梁の応力を求めよ．

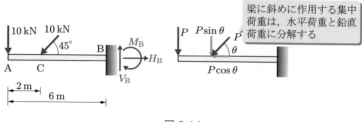

梁に斜めに作用する集中荷重は，水平荷重と鉛直荷重に分解する

図 3.14

解 答

（1）反力計算

▶ 水平方向の力の釣り合い：$-10\cos 45° + H_B = 0$　　∴ $H_B = 5\sqrt{2}\,\text{kN}$

▶ 鉛直方向の力の釣り合い：$-10 - 10\sin 45° + V_B = 0$　　∴ $V_B = 10 + 5\sqrt{2}\,\text{kN}$

▶ モーメントの釣り合い（支点 B 基準）：

$$-10 \times 6 - 10\sin 45° \times (6-2) + M_B = 0 \qquad \therefore M_B = 60 + 20\sqrt{2}\,\text{kN·m}$$

（2）応力計算

点 C の左側（$0\,\text{m} \leq x \leq 2\,\text{m}$）で梁を切断した状態を図 3.15(a)，右側（$2\,\text{m} \leq x \leq 6\,\text{m}$）で梁を切断した状態を図(b)に示す．梁の切断位置により自由体に作用する外力のかかり方が異なるため，場合分けして検討する．

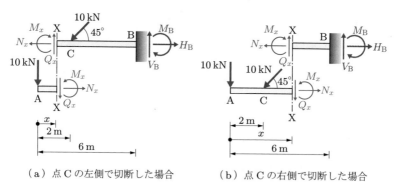

（a）点 C の左側で切断した場合　　（b）点 C の右側で切断した場合

図 3.15　自由体の力の釣り合い

● $0\,\text{m} \leq x \leq 2\,\text{m}$ の場合

▶ 水平方向の力の釣り合い：$N_x = 0\,\text{kN}$

▶ 鉛直方向の力の釣り合い：$-10 - Q_x = 0$　　∴ $Q_x = -10\,\text{kN}$

▶ モーメントの釣り合い（切断面基準）：

$$-10x - M_x = 0 \qquad \therefore M_x = -10x\,\text{kN·m}$$

$$\begin{cases} x = 0\,\text{m} & \to & M_x = 0\,\text{kN·m} \\ x = 2\,\text{m} & \to & M_x = -20\,\text{kN·m} \end{cases}$$

- $2\,\text{m} \leqq x \leqq 6\,\text{m}$ の場合
▶ 水平方向の力の釣り合い：$-10\cos 45° + N_x = 0 \qquad \therefore N_x = 5\sqrt{2}\,\text{kN}$（引張）
▶ 鉛直方向の力の釣り合い：$-10 - 10\sin 45° - Q_x = 0 \qquad \therefore Q_x = -10 - 5\sqrt{2}\,\text{kN}$
▶ モーメントの釣り合い（切断面基準）：

$$-10x - 10\sin 45° \times (x - 2) - M_x = 0 \qquad \therefore M_x = -10x - 5\sqrt{2}(x - 2)\,\text{kN·m}$$

$$\begin{cases} x = 2\,\text{m} & \to & M_x = -20\,\text{kN·m} \\ x = 6\,\text{m} & \to & M_x = -60 - 5\sqrt{2}(6 - 2) = -60 - 20\sqrt{2}\,\text{kN·m} \end{cases}$$

（3）応力図

$0\,\text{m} \leqq x \leqq 2\,\text{m}$（AC 間）と $2\,\text{m} \leqq x \leqq 6\,\text{m}$（BC 間）で別々に求めた梁の応力状態を一つの応力図にまとめると，図 3.16 のようになる．

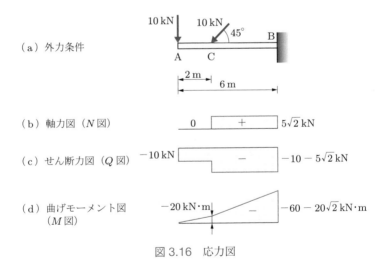

図 3.16　応力図

■応力の記号の由来

　軸力，せん断力，モーメントの記号には，それぞれ N，Q，M を用いるのが一般的である．いずれもドイツ語で軸力，せん断力，モーメントを意味する「Normalkraft」「Querkraft」「Moment」の頭文字をとったものである．

　Moment は英語表記と同じだが，軸力の「Axial Force」とせん断力の「Shear Force」とは頭文字も異なるので注意しよう．

3.2 ▶ 分布荷重が作用する片持ち梁

分布荷重が作用している片持ち梁について考える．もっともわかりやすい荷重条件として，図 3.17 に示すように，梁の全長にわたって等分布荷重が作用する場合を扱う．分布荷重は広がりをもつ荷重であるが，モーメントの釣り合いを考えるときは集中荷重に置き換えて解く．

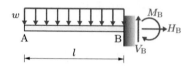

図 3.17 梁全体に等分布荷重が作用する片持ち梁

(1) 反力計算

分布荷重を AB 間の中点に作用する集中荷重に置換して考える．

▶ 水平方向の力の釣り合い：$H_B = 0$ (3.16)

▶ 鉛直方向の力の釣り合い：$-wl + V_B = 0$ ∴ $V_B = wl$ (3.17)

▶ モーメントの釣り合い：図 3.18 に示すように，全外力 $W = wl$ が等分布荷重の重心位置に集中荷重としてかかっているものとして釣り合い式を立てればよい（2.2.4 項 (2) 参照）．支点 B でのモーメントの釣り合いより，つぎのようになる．

$$-wl \times \frac{l}{2} + M_B = 0 \qquad \therefore M_B = \frac{wl^2}{2} \tag{3.18}$$

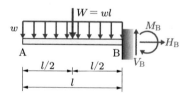

図 3.18 等分布荷重の重心位置に作用する総外力

(2) 応力計算

等分布荷重が梁の全域にかかっているので，梁のどこで切断して自由体の力の釣り合いを考えても外力のかかり方に違いはない（図 3.19）．つまり，梁の切断位置を場合分けして検討する必要がない．このため，図 3.19 のように適当な位置で切断して左側の自由体を考える．

▶ 水平方向の力の釣り合い：$N_x = 0$ (3.19)

▶ 鉛直方向の力の釣り合い：$-wx - Q_x = 0$ ∴ $Q_x = -wx$ (3.20)

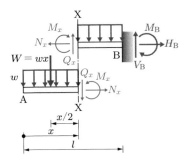

図 3.19 自由体の力の釣り合い

せん断力 Q_x は x の 1 次関数となり，せん断力図（Q 図）は傾きを w とする直線分布となることがわかる．ここで，梁の全域 $0 \leqq x \leqq l$ に対して，始点と終点の Q_x の値を確認しておく．

$$\begin{cases} x = 0 & \to & Q_x = 0 \\ x = l & \to & Q_x = -wl \end{cases} \tag{3.21}$$

▶ モーメントの釣り合い（切断面基準）：

$$-wx \times \frac{x}{2} - M_x = 0 \qquad \therefore M_x = -\frac{wx^2}{2} \tag{3.22}$$

曲げモーメント M_x は x の 2 次関数となるので，梁の全域 $0 \leqq x \leqq l$ に対して，始点と終点の M_x の値を確認しておく．

$$\begin{cases} x = 0 & \to & M_x = 0 \\ x = l & \to & M_x = -\dfrac{wl^2}{2} \end{cases} \tag{3.23}$$

（3） 応力図

せん断力 Q_x は梁の全長にわたって符号が負となるため，せん断力図は梁の下側に描く．また，梁の全長にわたって負方向（上端が凸に変形する方向）の曲げモーメントが作用しているので，曲げモーメント図は梁の上側に描くことになる．

ここで，梁の中央位置での M_x を求め，2 次曲線となる曲げモーメント図の形状を調べておく．

$$\frac{\mathrm{d}M_x}{\mathrm{d}x} = wx, \quad x = 0 \quad \to \quad \frac{\mathrm{d}M_x}{\mathrm{d}x} = 0 \tag{3.24}$$

となり，$x = 0$（自由端）でモーメント図の傾きは 0 である．また，x が増加するにつれ，モーメントの傾き（$-wx$）は減少していく．曲げモーメント図は上側を負として描くので，曲げモーメントは下側に凸の形状であることがわかる．応力図を図 3.20 に

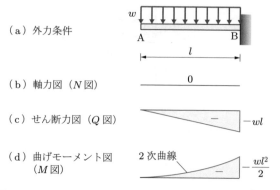

（a）外力条件

（b）軸力図（N図）

（c）せん断力図（Q図）

（d）曲げモーメント図（M図）

図 3.20 梁全体に等分布荷重が作用する片持ち梁の応力図

示す.

例題 3.3 図 3.21 に示すように，梁の一部分に等分布荷重が作用する片持ち梁の応力を求めよ．

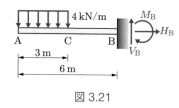

図 3.21

[解答]

（1）反力計算

分布荷重を AC 間の中点に作用する集中荷重に置換して考える．

▶ 水平方向の力の釣り合い：$H_B = 0\,\text{kN}$

▶ 鉛直方向の力の釣り合い：$-4 \times 3 + V_B = 0$　　$\therefore V_B = 12\,\text{kN}$

▶ モーメントの釣り合い（支点 B 基準）：

$$-4 \times 3 \times \left(6 - \frac{3}{2}\right) + M_B = 0 \qquad \therefore M_B = 12 \times 4.5 = 54\,\text{kN·m}$$

（2）応力計算

図 3.22 に示すように，等分布荷重の作用する AC 間と作用していない BC 間では自由体への外力のかかり方が異なるため，自由端からの距離 x の範囲を $0\,\text{m} \leqq x \leqq 3\,\text{m}$ と $3\,\text{m} \leqq x \leqq 6\,\text{m}$ に場合分けして検討する．左側の自由体について求める．

● $0\,\text{m} \leqq x \leqq 3\,\text{m}$ の場合

▶ 水平方向の力の釣り合い：$N_x = 0\,\text{kN}$

▶ 鉛直方向の力の釣り合い：$-4x - Q_x = 0$　　$\therefore Q_x = -4x\,\text{kN}$

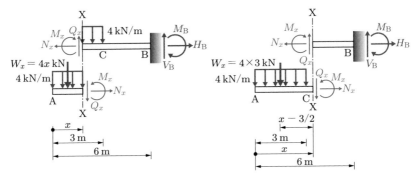

（a）等分布荷重の作用域で切断した場合　　（b）荷重の非作用域で切断した場合

図 3.22　自由体の力の釣り合い

せん断力 Q_x は x の 1 次関数となり，始点と終点の Q_x はつぎのようになる．

$$\begin{cases} x = 0\,\mathrm{m} & \to \quad Q_x = 0\,\mathrm{kN} \\ x = 3\,\mathrm{m} & \to \quad Q_x = -4 \times 3 = -12\,\mathrm{kN} \end{cases}$$

▶ モーメントの釣り合い（切断面基準）：

$$-4x \times \frac{x}{2} - M_x = 0 \qquad \therefore M_x = -2x^2\,\mathrm{kN \cdot m}$$

曲げモーメント M_x は x の 2 次関数となり，始点と終点の M_x はつぎのようになる．

$$\begin{cases} x = 0\,\mathrm{m} & \to \quad M_x = 0\,\mathrm{kN \cdot m} \\ x = 3\,\mathrm{m} & \to \quad M_x = -18\,\mathrm{kN \cdot m} \end{cases}$$

● $3\,\mathrm{m} \leqq x \leqq 6\,\mathrm{m}$ の場合

▶ 水平方向の力の釣り合い：$N_x = 0\,\mathrm{kN}$

▶ 鉛直方向の力の釣り合い：$-4 \times 3 - Q_x = 0 \qquad \therefore Q_x = -12\,\mathrm{kN}$

▶ モーメントの釣り合い（切断面基準）：

$$-4 \times 3 \times \left(x - \frac{3}{2} \right) - M_x = 0 \qquad \therefore M_x = -12x + 18\,\mathrm{kN \cdot m}$$

$$\begin{cases} x = 3\,\mathrm{m} & \to \quad M_x = -18\,\mathrm{kN \cdot m} \\ x = 6\,\mathrm{m} & \to \quad M_x = -54\,\mathrm{kN \cdot m} \end{cases}$$

（3）応力図

せん断力は梁の全長にわたって負の値をとるため梁の下側に描き，曲げモーメントは梁の全長にわたって上端を凸にする方向に作用しているので梁の上側に描く．

ここで，$x \leqq 3\,\mathrm{m}$ の 2 次曲線と $x \geqq 3\,\mathrm{m}$ の直線とのつながり方を確認しておく．

$0 \leqq x \leqq 3\,\mathrm{m}$ の場合について，$x = 3\,\mathrm{m}$ における 2 次曲線の接線の傾きを調べると，

$$\frac{\mathrm{d}M_x}{\mathrm{d}x} = -4x, \quad x = 3\,\mathrm{m} \quad \rightarrow \quad \frac{\mathrm{d}M_x}{\mathrm{d}x} = -4 \times 3 = -12\,\mathrm{kN}$$

となり，これは $3\,\mathrm{m} \leqq x \leqq 6\,\mathrm{m}$ の曲げモーメント図（M 図）の傾き $-12\,\mathrm{kN}$ と一致する．つまり，$x = 3\,\mathrm{m}$ において 2 次曲線と直線はスムーズに折れ曲がらずにつながる．

以上から，応力図は図 3.23 のようになる．

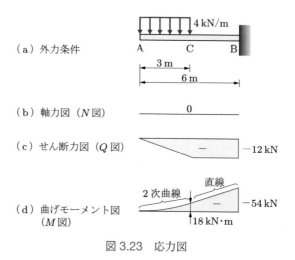

図 3.23　応力図

例題 3.4　図 3.24 に示すように，梁全体に等変分布荷重が作用する片持ち梁の応力を求めよ．

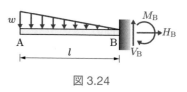

図 3.24

解答　荷重は等分布ではないが梁全長にかかっているので，自由体も範囲を分けずに，3.2 節の設問と同じように解けばよい．

（1）反力計算

等変分布荷重が三角形分布なので，その総外力を AB 間を 1：2 に分ける点に作用する集中荷重に置換して考える．

▶ 水平方向の力の釣り合い：$H_\mathrm{B} = 0$

▶ 鉛直方向の力の釣り合い：$-\dfrac{wl}{2} + V_B = 0$ $\therefore V_B = \dfrac{wl}{2}$

▶ モーメントの釣り合い（支点 B 基準．集中荷重の作用位置は 2.2.4 項の図 2.31 参照）：

$$-\frac{wl}{2} \times \frac{2l}{3} + M_B = 0 \qquad \therefore M_B = \frac{wl^2}{3}$$

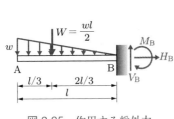

図 3.25　作用する総外力

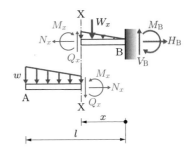

図 3.26　自由体の力の釣り合い

(2) 応力計算

　範囲分けする必要はないが，切断すると，左側の自由体にかかる外力は台形に，右側は三角形になる．例題 3.1 で説明したように，どちらの自由体について計算しても変わらないので，計算しやすそうな右側の自由体を使って計算する．

▶ 水平方向の力の釣り合い：$N_x = 0$

　図 3.26 に示すように X-X 軸で梁を切断し，右側の自由体の力の釣り合いを考えるため，固定端から切断軸までの距離を x とする．右側の自由体には反力が作用しているので，釣り合い式にはこれを加味する点に注意が必要である．

▶ 鉛直方向の力の釣り合い：$Q_x - W_x + V_B$，$W_x = (1/2)(wx/l)x$ より，

$$Q_x - \frac{wx^2}{2l} + \frac{wl}{2} = 0 \qquad \therefore Q_x = -\frac{w}{2l}(l^2 - x^2)$$

$$\begin{cases} x = 0 & \rightarrow \quad Q_x = -\dfrac{wl}{2} \\[2mm] x = \dfrac{l}{2} & \rightarrow \quad Q_x = -\dfrac{3wl}{8} \\[2mm] x = l & \rightarrow \quad Q_x = 0 \end{cases}$$

▶ モーメントの釣り合い（切断面基準）：

$$M_x + \underbrace{\frac{wx^2}{2l} \times \frac{x}{3}}_{\text{外力 } W_x} - \underbrace{\frac{wl}{2} \times x}_{\text{鉛直反力 } V_B} + \underbrace{\frac{wl^2}{3}}_{\text{モーメント反力 } M_B} = 0 \quad \therefore M_x = -\frac{w}{6}\left(\frac{x^3}{l} - 3lx + 2l^2\right)$$

$$
\begin{cases}
x = 0 & \to \quad M_x = -\dfrac{wl^2}{3} \\[2mm]
x = \dfrac{l}{2} & \to \quad M_x = -\dfrac{5wl^2}{48} \\[2mm]
x = l & \to \quad M_x = 0
\end{cases}
$$

　以上から，応力図は図 3.27 のようになる．せん断力は梁の全長にわたって負の値をとるため，梁の下側に，曲げモーメントは梁の全長にわたって上端を凸にする方向に作用しているので梁の上側に描いてある．

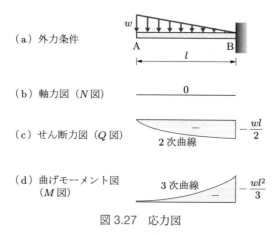

（a）外力条件

（b）軸力図（N 図）

（c）せん断力図（Q 図）

（d）曲げモーメント図（M 図）

図 3.27　応力図

[補足]

　自由体の釣り合いを求める際，右側の自由体を用いて計算したが，念のため，左側の自由体でも計算して，同じ結果になることを確認しておこう．水平方向は荷重がかかっていないので，鉛直方向とモーメントについてのみ計算する．

▶ 鉛直方向の力の釣り合い：総外力（$= W$）から右の自由体にかかる外力を差し引くことで釣り合い式を立てる．総外力は $W = wl/2$ で，これは図 3.25 の三角形分布荷重の面積となる．すなわち，W に $(l-x)/l$ の 2 乗を乗じることで得られる．よって，つぎのようになる．

$$
-\frac{wl}{2} + \frac{wl}{2} \times \left(\frac{l-x}{l} \right)^2 - Q_x = 0
$$

$$
\therefore Q_x = \frac{wl}{2} \times \left(\frac{x^2}{l^2} - \frac{2x}{l} \right) = \frac{w}{2l}(x^2 - 2lx)
$$

$$
\begin{cases}
x = 0 & \to \quad Q_x = 0 \\[2mm]
x = l & \to \quad Q_x = -\dfrac{wl}{2}
\end{cases}
$$

▶ モーメントの釣り合い：切断位置でモーメントの釣り合い式を立てるには，自由体に作用する外力の重心位置を得る必要があるが，外力の分布形状が台形のため重心位置を直接的には得られない．この場合，図 3.28 に示すように，台形（$= W_x$）を三角形（$= W_1$）と四角形（$= W_2$）に分けて別々にモーメントを求め，それらを足し合わせることでモーメントの釣り合い式を立てる．

$$W_x = W_1 + W_2$$

ここで，$W_1 = w \times (x/l) \times (x/2)$，$W_2 = w \times (1 - x/l) \times x$ である．よって，つぎのようになる．

$$-W_1 \times \frac{2x}{3} - W_2 \times \frac{x}{2} - M_x = 0$$

$$-\frac{wx^2}{2l} \times \frac{2x}{3} - w \times \left(1 - \frac{x}{l}\right) \times x \times \frac{x}{2} - M_x = 0 \qquad \therefore M_x = \frac{w}{6l}(x^3 - 3lx^2)$$

$$\begin{cases} x = 0 \quad \to \quad M_x = 0 \\ x = l \quad \to \quad M_x = -\dfrac{wl^2}{3} \end{cases}$$

左側の自由体を用いて計算しても，同じ結果になることがわかる．

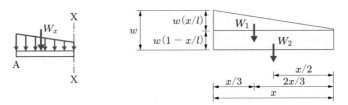

図 3.28　台形分布荷重によるモーメントの算出法

3.3 ▶ モーメント荷重が作用する片持ち梁

　モーメント荷重が作用している場合の片持ち梁について考える．まず，図 3.29 に示すように，もっとも単純な荷重条件として，梁の自由端に集中モーメントが作用する場合を扱う．自由端に偶力が外力として作用しているものと考えるとよい．

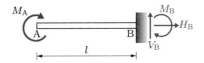

図 3.29　自由端に集中モーメントが作用する片持ち梁

（1） 反力計算

▶ 水平方向の力の釣り合い：$H_B = 0$ (3.25)

▶ 鉛直方向の力の釣り合い：$V_B = 0$ (3.26)

▶ モーメントの釣り合い：$M_A + M_B = 0$ $\therefore M_B = -M_A$ (3.27)

（2） 応力計算

図 3.30 のように切断し，左側の自由体について考える．

▶ 水平方向の力の釣り合い：$N_x = 0\,\mathrm{kN}$ (3.28)

▶ 鉛直方向の力の釣り合い：$Q_x = 0\,\mathrm{kN}$ (3.29)

▶ モーメントの釣り合い（切断面基準）：$M_A - M_x = 0$ $\therefore M_x = M_A$ (3.30)

曲げモーメント M_x は定数で下端引張の変形を生じさせるように作用している．

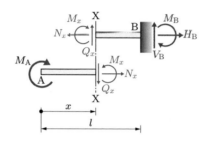

図 3.30 　自由体の力の釣り合い

（3） 応力図

梁の全長にわたって下端を凸にする方向のモーメントが作用しているので，曲げモーメント図（M 図）は梁の下側に描く．したがって，応力図は図 3.31 のようになる．

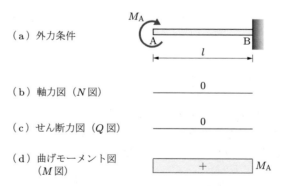

図 3.31 　自由端にモーメント荷重が作用する片持ち梁の応力図

例題 3.5　図 3.32 に示すように，複数の集中モーメントが作用する片持ち梁の応力を求めよ．

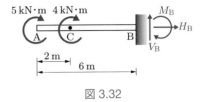

図 3.32

解 答

（1）反力計算

▶ 水平方向の力の釣り合い：$H_B = 0\,\text{kN}$

▶ 鉛直方向の力の釣り合い：$V_B = 0\,\text{kN}$

▶ モーメントの釣り合い：$5 + 4 + M_B = 0$　　$\therefore M_B = -9\,\text{kN·m}$

（2）応力計算

　切断位置によって自由体への外力のかかり方が異なるため，図 3.33 に示すように自由端からの距離 x の範囲を $0\,\text{m} \leqq x \leqq 2\,\text{m}$ と $2\,\text{m} \leqq x \leqq 6\,\text{m}$ に場合分けして検討する．左側の自由体について考える．

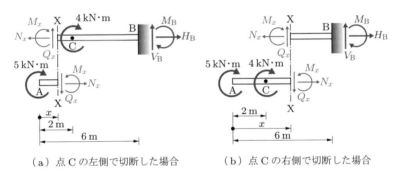

（a）点 C の左側で切断した場合　　（b）点 C の右側で切断した場合

図 3.33　自由体の力の釣り合い

● $0\,\text{m} \leqq x \leqq 2\,\text{m}$ の場合（図 3.33(a)）

▶ 水平方向の力の釣り合い：$N_x = 0\,\text{kN}$

▶ 鉛直方向の力の釣り合い：$Q_x = 0\,\text{kN}$

▶ モーメントの釣り合い（切断面基準）：$5 - M_x = 0$　　$\therefore M_x = 5\,\text{kN·m}$

● $2\,\text{m} \leqq x \leqq 6\,\text{m}$ の場合（図 3.33(b)）

▶ 水平方向の力の釣り合い：$N_x = 0\,\text{kN}$

▶ 鉛直方向の力の釣り合い：$Q_x = 0\,\text{kN}$

▶ モーメントの釣り合い（切断面基準）：$5 + 4 - M_x = 0$　　$\therefore M_x = 9\,\text{kN·m}$

　曲げモーメント M_x は定数で下端引張の変形を生じさせるように作用している．

（3）応力図

　軸力 N_x とせん断力 Q_x は梁の全長にわたって 0 となり，梁の全長にわたって下端を凸にする方向のモーメントが作用しているので，曲げモーメント図（M 図）は梁の下側に描くことになる．したがって，応力図は図 3.34 のようになる．

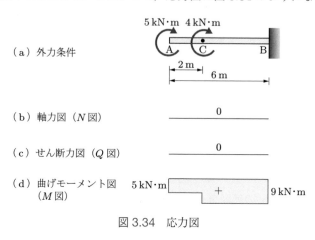

（a）外力条件

（b）軸力図（N図）

（c）せん断力図（Q図）

（d）曲げモーメント図
　　　（M図）

図 3.34　応力図

3.4 ▶ 重ね合わせの原理

3.4 ▶ 重ね合わせの原理

　例題 3.2 では，図 3.2 に示した集中荷重と図 3.11 に示した集中荷重が同時に作用している問題を扱った．前者の外力に対する応力図（図 3.10）と後者の外力に対する応

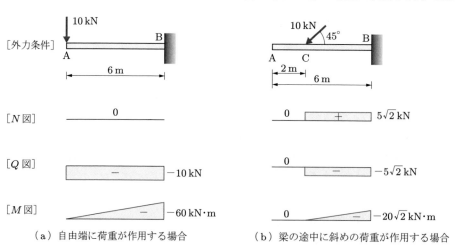

（a）自由端に荷重が作用する場合　　　（b）梁の途中に斜めの荷重が作用する場合

図 3.35　集中荷重が作用する片持ち梁の応力図

力図（図 3.13）を図 3.35 に整理してまとめる．

図 3.35(a) の応力図と図 (b) の応力図をそれぞれ合成して（梁の同じ位置における応力を足し合わせて）みよう．ここで，軸力図（N 図）は図 3.35(a) の場合が 0 なので，せん断力図（Q 図）と曲げモーメント図（M 図）について合成した応力図を図 3.36 に示す．この合成して得られた応力図は複数の集中荷重が同時にかかっているものとして梁の応力を求めた図 3.16 と同じであることがわかる．

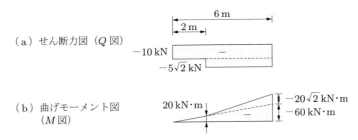

（a）せん断力図（Q 図）

（b）曲げモーメント図（M 図）

図 3.36　合成して描いた集中荷重が作用する片持ち梁の応力図

複数の荷重が作用している場合，各荷重に対して求めたそれぞれの応力図（軸力図（N 図），せん断力図（Q 図），曲げモーメント図（M 図））を合成したものは，複数の荷重を対象として直接求めた応力図と等しくなる（図 3.37 参照）．これを**重ね合わせの原理**（superposition principle）といい，どのような荷重でも，また荷重の数に関係なく成り立つものである．

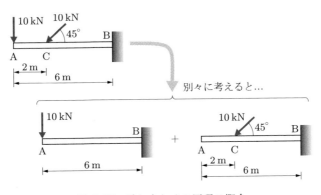

図 3.37　重ね合わせの原理の概念

演習問題 ▶

つぎに示すさまざまな荷重が作用する片持ち梁の反力と応力を求めよ.

3.1

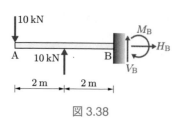

図 3.38

3.2

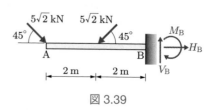

図 3.39

3.3

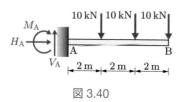

図 3.40

3.4

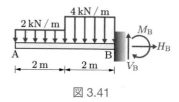

図 3.41

3.5

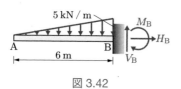

図 3.42

3.6

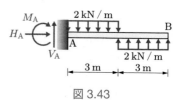

図 3.43

3.7

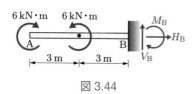

図 3.44

3.8

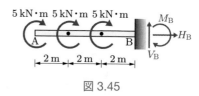

図 3.45

3.9

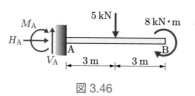

図 3.46

3.10

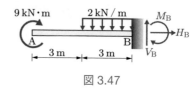

図 3.47

第4章

単純梁

両端をピン支点とローラー支点で支持された梁を**単純梁**（simple beam）という．たとえば，図 4.1 のような丸太の一本橋は単純梁に分類される．本章では，この単純梁を対象として，梁に作用する応力（軸力 N，せん断力 Q，曲げモーメント M）を求める方法とその考え方について説明する．なお，第 3，4 章で説明する切断面位置での力の釣り合いから応力を計算する方法以外に，付録 B にまとめた微分・積分関係を用いた計算方法がある．この方法を用いると，きわめて簡単に応力を計算できるようになるので，ぜひ学んでほしい．

図 4.1　単純梁の例（丸太の一本橋）

4.1 ▶ 集中荷重が作用する単純梁

集中荷重が作用している単純梁について考える．図 4.2 に示すように，ピン支点には二つの反力，ローラー支点には一つの反力がはたらいている．

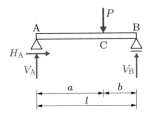

図 4.2　集中荷重が作用する単純梁

(1) 反力計算

片持ち梁と同じように，水平方向，鉛直方向，回転に対する釣り合い式を立て，支点反力を求める．

▶ 水平方向の力の釣り合い：$H_A = 0$ $\hspace{4cm}$ (4.1)

▶ 鉛直方向の力の釣り合い：$V_A - P + V_B = 0$ $\hspace{3cm}$ (4.2)

▶ モーメントの釣り合い（支点 A 基準）：

$$Pa - V_B l = 0 \qquad \therefore V_B = \frac{Pa}{l} \tag{4.3}$$

$$\therefore V_A = P\left(1 - \frac{a}{l}\right) = \frac{Pb}{l} \tag{4.4}$$

(2) 応力計算

図 4.3 に示すように，支点 A から距離 x の位置で梁を切断し，それぞれの自由体の力の釣り合いを考える．外力の作用位置に対して，左側（$0 \leqq x \leqq a$）で切断する場合と右側（$a \leqq x \leqq l$）で切断する場合では，力の釣り合い式が異なるため，場合分けして検討する．左側の自由体について考える．

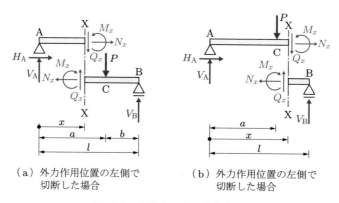

（a）外力作用位置の左側で
切断した場合

（b）外力作用位置の左側で
切断した場合

図 4.3　自由体の力の釣り合い

● $0 \leqq x \leqq a$ の場合（図 4.3(a)）

▶ 水平方向の力の釣り合い：$H_A + N_x = 0$ $\qquad \therefore N_x = -H_A = 0$ $\hspace{1.5cm}$ (4.5)

▶ 鉛直方向の力の釣り合い：

$$V_A - Q_x = 0 \qquad \therefore Q_x = V_A = P\left(1 - \frac{a}{l}\right) = \frac{Pb}{l} \tag{4.6}$$

▶ モーメントの釣り合い（切断面基準）：

$$V_A x - M_x = 0 \qquad \therefore M_x = V_A x = P\left(1 - \frac{a}{l}\right)x = \frac{Pb}{l}x \tag{4.7}$$

曲げモーメント M_x は x の 1 次関数であり，梁の位置により異なる値をとる．よって，検討区間の始点（$x = 0$）と終点（$x = a$）における M_x を確認しておく．

$$\begin{cases} x = 0 & \to \quad M_x = 0 \\ x = a & \to \quad M_x = Pa\left(1 - \dfrac{a}{l}\right) = \dfrac{Pab}{l} \end{cases} \tag{4.8}$$

● $a \leqq x \leqq l$ の場合（図 4.3(b)）

▶ 水平方向の力の釣り合い：$H_A + N_x = 0 \qquad \therefore N_x = -H_A = 0$ (4.9)

▶ 鉛直方向の力の釣り合い：

$$V_A - P - Q_x = 0 \qquad \therefore Q_x = V_A - P = -\frac{Pa}{l} \tag{4.10}$$

▶ モーメントの釣り合い（切断面基準）：$V_A x - P(x - a) - M_x = 0$

$$\therefore M_x = P\left(1 - \frac{a}{l}\right)x - P(x - a) = Pa\left(1 - \frac{x}{l}\right) \tag{4.11}$$

$$\begin{cases} x = a & \to \quad M_x = Pa\left(1 - \dfrac{a}{l}\right) = \dfrac{Pab}{l} \\ x = l & \to \quad M_x = 0 \end{cases} \tag{4.12}$$

（3）応力図

梁に作用する応力を整理して図で示す．符号については，図 3.7 を参照してほしい．

▶ 軸力図（N 図）：軸力は梁全体にわたって 0 なので，軸力図は図 4.4(b)のようになる．

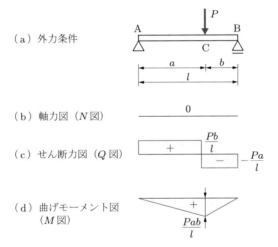

図 4.4 集中荷重が作用する単純梁の応力図

▶ せん断力図（Q 図）：せん断力は外力作用位置の左側と右側で異なる値をとる．また，その符号は前者で正，後者で負となるので，図 4.4(c)のようになる．

▶ 曲げモーメント図（M 図）：式(4.8)，(4.12)の結果をまとめると以下となる．

$$\begin{cases} x = 0 & \to \quad M_x = 0 \\ x = a & \to \quad M_x = Pa\left(1 - \dfrac{a}{l}\right) = \dfrac{Pab}{l} \\ x = l & \to \quad M_x = 0 \end{cases} \tag{4.13}$$

これらの値を直線でつなげば図 4.4(d) のようになる.

例題 4.1 図 4.5 に示すように,複数の集中荷重が作用している単純梁の応力を求めよ.

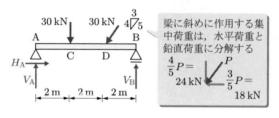

図 4.5

解答 3.1 節の設問に荷重が一つ増えただけなので,同じように解き進めればよい.

（1）反力計算

水平方向の力の釣り合い式を立てる際,ピン支点には水平反力が発生し,ローラー支点には水平反力が生じない点に注意する.

▶ 水平方向の力の釣り合い：$H_A - 18 = 0$　　$\therefore H_A = 18\,\text{kN}$

▶ 鉛直方向の力の釣り合い：$V_A - 30 - 24 + V_B = 0$　　$\therefore V_A + V_B = 54\,\text{kN}$

▶ モーメントの釣り合い（支点 A 基準）：$30 \times 2 + 24 \times 4 - V_B \times 6 = 0$

$$\therefore V_B = \frac{60 + 96}{6} = 26\,\text{kN}$$

よって,鉛直方向の釣り合いより,$V_A = 28\,\text{kN}$.

（2）応力計算

異なる位置に二つ荷重がかかっているので,図 4.6 に示すように,AC 間,CD 間,DB 間で切断した場合を検討する.以下,左側の自由体について考える.

● $0\,\text{m} \leqq x \leqq 2\,\text{m}$ の場合（X_1-X_1 軸における切断）

▶ 水平方向の力の釣り合い：$18 + N_x = 0$　　$\therefore N_x = -18\,\text{kN}$（圧縮）

▶ 鉛直方向の力の釣り合い：$28 - Q_x = 0$　　$\therefore Q_x = 28\,\text{kN}$

▶ モーメントの釣り合い（切断面基準）：$28x - M_x = 0$　　$\therefore M_x = 28x\,\text{kN·m}$

$$\begin{cases} x = 0\,\text{m} & \to \quad M_x = 0\,\text{kN·m} \\ x = 2\,\text{m} & \to \quad M_x = 56\,\text{kN·m} \end{cases}$$

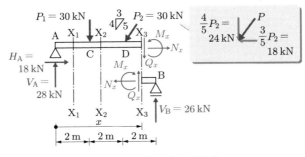

図 4.6　自由体の力の釣り合い

- $2\,\mathrm{m} \le x \le 4\,\mathrm{m}$ の場合（X_2-X_2 軸における切断）
- ▶ 水平方向の力の釣り合い：$18 + N_x = 0$　　$\therefore N_x = -18\,\mathrm{kN}$（圧縮）
- ▶ 鉛直方向の力の釣り合い：$28 - 30 - Q_x = 0$　　$\therefore Q_x = -2\,\mathrm{kN}$
- ▶ モーメントの釣り合い（切断面基準）：

$$28x - 30(x - 2) - M_x = 0 \qquad \therefore M_x = -2x + 60\,\mathrm{kN \cdot m}$$

$$\begin{cases} x = 2\,\mathrm{m} & \to & M_x = 56\,\mathrm{kN \cdot m} \\ x = 4\,\mathrm{m} & \to & M_x = 52\,\mathrm{kN \cdot m} \end{cases}$$

- $4\,\mathrm{m} \le x \le 6\,\mathrm{m}$ の場合（X_3-X_3 軸における切断）
- ▶ 水平方向の力の釣り合い：$18 - 18 + N_x = 0$　　$\therefore N_x = 0\,\mathrm{kN}$
- ▶ 鉛直方向の力の釣り合い：

$$28 - 30 - 24 - Q_x = 0 \qquad \therefore Q_x = -26\,\mathrm{kN}$$

- ▶ モーメントの釣り合い（切断面基準）：

$$28x - 30(x - 2) - 24(x - 4) - M_x = 0 \qquad \therefore M_x = -26x + 156\,\mathrm{kN \cdot m}$$

$$\begin{cases} x = 4\,\mathrm{m} & \to & M_x = 52\,\mathrm{kN \cdot m} \\ x = 6\,\mathrm{m} & \to & M_x = 0\,\mathrm{kN \cdot m} \end{cases}$$

（3）応力図

以上から，応力図は図 4.7 のようになる．

支点 A から支点 B に向かって応力図を確認していくと，Q 図では，反力 V_A が上向きなので梁の上側にせん断力が描かれ，外力 P_1 と P_2 が下向きなので梁の下側にせん断力が移動していき，最後に上向きの反力 V_B により 0 になる．

また，M 図では，支点 A からの距離に応じて曲げモーメントが増加していき，その距離が 2 m を超えると外力 P_1 が反力 V_A とは逆向きに作用するため，その分

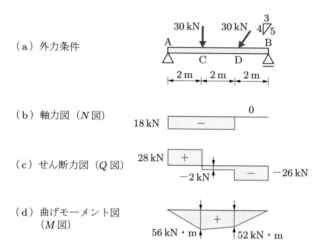

（a）外力条件

（b）軸力図（N図）

（c）せん断力図（Q図）

（d）曲げモーメント図
　　　（M図）

図 4.7 応力図

の曲げモーメントが減少する．さらに，支点 A からの距離が 4 m を超えると外力 P_2 による分の曲げモーメントがさらに減少し，支点 B で 0 になることがわかる．これは支点 B がローラー支点であり，反力としてモーメントが生じないことと対応している．

[補足]

図 4.7(d) の M 図の傾きを計算（微分）すると以下のようになり，図(c)の Q 図の値と一致する．

　　AC 間：$56\,\mathrm{kN \cdot m} \div 2\,\mathrm{m} = 28\,\mathrm{kN}$

　　CD 間：$(52 - 56)\,\mathrm{kN \cdot m} \div 2\,\mathrm{m} = -2\,\mathrm{kN}$

　　DB 間：$-52\,\mathrm{kN \cdot m} \div 2\,\mathrm{m} = -26\,\mathrm{kN}$

また，図(c)の Q 図の原点からの面積の総和を計算（積分）すると以下のようになり，図(d)に示す各位置のモーメントと一致する．

　　点 C：$28\,\mathrm{kN} \times 2\,\mathrm{m} = 56\,\mathrm{kN \cdot m}$

　　点 D：$28\,\mathrm{kN} \times 2\,\mathrm{m} - 2\,\mathrm{kN} \times 2\,\mathrm{m} = 52\,\mathrm{kN \cdot m}$

　　点 B：$28\,\mathrm{kN} \times 2\,\mathrm{m} - 2\,\mathrm{kN} \times 2\,\mathrm{m} - 26\,\mathrm{kN} \times 2\,\mathrm{m} = 0\,\mathrm{kN \cdot m}$

このように，「モーメントを微分するとせん断力となる」また，「せん断力を積分するとモーメントとなる」．この関係を利用すると，きわめて簡単に応力を計算できる．詳細は付録 B に説明してあるので，ぜひ学んでほしい．

4.2 ▶ 分布荷重が作用する単純梁

図 4.8 に示すように，梁の全長にわたって等分布荷重が作用する場合を考える．3.2 節で取り上げた片持ち梁の場合と同じように解けばよい．

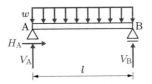

図 4.8　梁全体に等分布荷重が作用する単純梁

(1) 反力計算

分布荷重を AB 間の中点に作用する集中荷重に置換して考える．

▶ 水平方向の力の釣り合い：$H_A = 0$ (4.14)

▶ 鉛直方向の力の釣り合い：$V_A - wl + V_B = 0$ (4.15)

▶ モーメントの釣り合い（支点 B 基準）：分布荷重がその重心位置に集中荷重としてかかっているものと考えて釣り合い式を立てる．

$$V_A l - wl\frac{l}{2} = 0 \qquad \therefore V_A = \frac{wl}{2}$$ (4.16)

$$\therefore V_B = wl - V_A = wl - \frac{wl}{2} = \frac{wl}{2}$$ (4.17)

梁に作用する外力と鉛直方向の支持条件が左右対称の関係にあるため，支点反力 V_A と V_B が等しいということで，以下のように直接求めてもよい．

$$V_A = V_B = \frac{wl}{2}$$ (4.18)

(2) 応力計算

等分布荷重が梁の全長にかかっているので，梁の切断位置を場合分けして検討する必要はない．図 4.9 に示す左側の自由体について考える．

▶ 水平方向の力の釣り合い：$N_x = 0$ (4.19)

▶ 鉛直方向の力の釣り合い：$V_A - wx - Q_x = 0$ より，

$$\frac{wl}{2} - wx - Q_x = 0 \qquad \therefore Q_x = -wx + \frac{wl}{2}$$ (4.20)

$$\begin{cases} x = 0 & \to \quad Q_x = \dfrac{wl}{2} \\ x = \dfrac{l}{2} & \to \quad Q_x = 0 \\ x = l & \to \quad Q_x = -\dfrac{wl}{2} \end{cases}$$ (4.21)

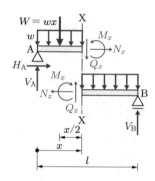

図 4.9 自由体の力の釣り合い

▶ モーメントの釣り合い（切断面基準）：$V_A x - wx\dfrac{x}{2} - M_x = 0$ より，

$$\frac{wl}{2}x - \frac{w}{2}x^2 - M_x = 0 \qquad \therefore M_x = -\frac{w}{2}(x^2 - lx) \tag{4.22}$$

曲げモーメント M_x を x で微分すると，つぎのようになる．

$$\frac{\mathrm{d}M_x}{\mathrm{d}x} = -wx + \frac{wl}{2}, \qquad \frac{\mathrm{d}M_x}{\mathrm{d}x} = 0 \quad \rightarrow \quad x = \frac{l}{2} \tag{4.23}$$

以上から，曲げモーメント M_x は x の 2 次関数で，M 図は梁の中央位置（$x = l/2$）で接線の傾きが 0 となる．梁の全長 $0 \leqq x \leqq l$ に対して，始点，終点および中央位置での M_x の値は以下となる．

$$\begin{cases} x = 0 & \rightarrow & M_x = 0 \\[4pt] x = \dfrac{l}{2} & \rightarrow & M_x = \dfrac{wl^2}{8} \quad \text{（最大値）} \\[4pt] x = l & \rightarrow & M_x = 0 \end{cases} \tag{4.24}$$

なお，式(4.22)を平方完成すると下式となる．

$$M_x = -\frac{w}{2}\left(x - \frac{l}{2}\right)^2 + \frac{wl^2}{8}$$

これから最大値の位置と値を求めることもできる．

| (3) 応力図

以上から，応力図は図 4.10 のようになる．

なお，付録 B に示す微分・積分関係は図 4.10 でも成立していることを確認できる．すなわち，M 図の傾き（微分値）は式(4.23)のようになり，Q 図と一致する．また，Q 図の原点からの面積（積分）は式(4.20)から以下のようになり，M 図と一致する．

$$\int_0^x Q_x \mathrm{d}x = \int_0^x \left(-wx + \frac{wl}{2}\right)\mathrm{d}x = -\frac{w}{2}(x^2 - lx)$$

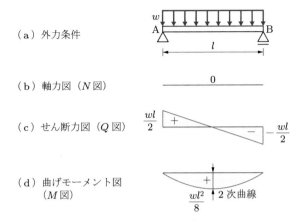

（a）外力条件

（b）軸力図（N 図）

（c）せん断力図（Q 図）

（d）曲げモーメント図
　　（M 図）

図 4.10　梁全体に等分布荷重が作用する単純梁の応力図

例題 4.2　例題 3.3 に示した片持ち梁と応力の分布状態を比較するため，図 4.11 に示すように，梁の一部分に等分布荷重が作用する場合の応力を求めよ．

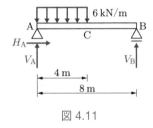

図 4.11

解答

（1）反力計算

　分布荷重を AC 間の中点に作用する集中荷重に置換して考える．

▶ 水平方向の力の釣り合い：$H_A = 0\,\mathrm{kN}$

▶ 鉛直方向の力の釣り合い：$V_A - 6 \times 4 + V_B = 0$　　　$\therefore V_A + V_B = 24\,\mathrm{kN}$

▶ モーメントの釣り合い（支点 A 基準）：分布荷重がその重心位置に集中荷重としてかかっているものと考えて釣り合い式を立てる．

$$6 \times 4 \times \frac{4}{2} - V_B \times 8 = 0 \qquad \therefore V_B = 6\,\mathrm{kN}$$

$$\therefore V_A = 18\,\mathrm{kN}$$

（2）応力計算

　切断位置によって自由体への外力のかかり方が異なるため，図 4.12 に示すように，支点 A からの距離 x の範囲を $0\,\mathrm{m} \leqq x \leqq 4\,\mathrm{m}$ と $4\,\mathrm{m} \leqq x \leqq 8\,\mathrm{m}$ に場合分けして検討する．左側の自由体について考える．

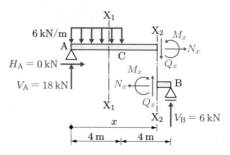

図 4.12 自由体の力の釣り合い

●0 m ≦ x ≦ 4 m の場合（X_1-X_1 軸における切断）

▶水平方向の力の釣り合い：$H_A + N_x = 0$ $\quad$ ∴ $N_x = 0$ kN

▶鉛直方向の力の釣り合い：

$$V_A - 6x - Q_x = 0 \qquad 18 - 6x - Q_x = 0 \qquad ∴ Q_x = -6x + 18 \text{ kN}$$

せん断力 Q_x は x の 1 次関数であり，

$$Q_x = 0 \quad → \quad x = 3 \text{ m}$$

より，$x = 3$ m を境に Q_x の符号が変化することがわかる．

$$\begin{cases} x = 0 \text{ m} & → \quad Q_x = 18 \text{ kN} \\ x = 4 \text{ m} & → \quad Q_x = -6 \text{ kN} \end{cases}$$

▶モーメントの釣り合い（切断面基準）：$V_A x - 6x \dfrac{x}{2} - M_x = 0$

$$18x - 6x \frac{x}{2} - M_x = 0$$

$$∴ M_x = -3x^2 + 18x \text{ kN·m}$$

$$\begin{cases} x = 0 \text{ m} & → \quad M_x = 0 \text{ kN·m} \\ x = 4 \text{ m} & → \quad M_x = 24 \text{ kN·m} \end{cases}$$

●4 m ≦ x ≦ 8 m の場合（X_2-X_2 軸における切断）

▶水平方向の力の釣り合い：$N_x = 0$ kN

▶鉛直方向の力の釣り合い：$18 - \dfrac{6 \times 8}{2} - Q_x = 0$ $\quad$ ∴ $Q_x = -6$ kN

▶モーメントの釣り合い（切断面基準）：$V_A x - 6 \times 4 \times \left(x - \dfrac{4}{2} \right) - M_x = 0$

$$18x - 6 \times 4 \times (x - 2) - M_x = 0 \qquad ∴ M_x = 48 - 6x \text{ kN·m}$$

$$\begin{cases} x = 4\,\mathrm{m} \quad \rightarrow \quad M_x = 24\,\mathrm{kN\cdot m} \\ x = 8\,\mathrm{m} \quad \rightarrow \quad M_x = 0\,\mathrm{kN\cdot m} \end{cases}$$

（3）応力図

応力図を描くにあたり，2 次曲線となる M 図の形状を確認し，M_x の最大値を求めておく.

$$\frac{\mathrm{d}M_x}{\mathrm{d}x} = -6x + 18, \qquad \frac{\mathrm{d}M_x}{\mathrm{d}x} = 0 \quad \rightarrow \quad x = 3\,\mathrm{m}$$

つまり，$Q_x = 0$ となる $x = 3\,\mathrm{m}$ において，M_x は最大値となる.

$$x = 3\,\mathrm{m} \quad \rightarrow \quad M_x = -3 \times 3^2 + 18 \times 3 = 27\,\mathrm{kN\cdot m}$$

なお，平方完成し，$M_x = -3(x-3)^2 + 27\,\mathrm{kN\cdot m}$ から最大値の位置と値を求めてもよい.

応力図は図 4.13 のようになる.

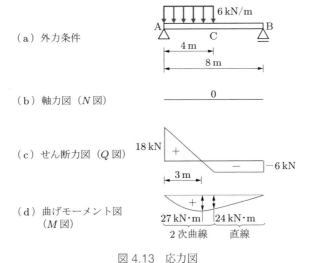

（a）外力条件

（b）軸力図（N 図）

（c）せん断力図（Q 図）

（d）曲げモーメント図（M 図）

図 4.13 応力図

なお，付録 B.4 に M 図について詳述されているので参照してほしい.

4.3 ▶ モーメント荷重が作用する単純梁

モーメント荷重が作用している場合の単純梁について考える. 図 4.14 に示すように，梁の途中に集中モーメントを作用させた場合を扱う. 3.3 節で取り上げた片持ち

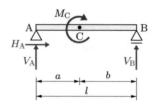

図 4.14　梁の途中に集中モーメントが作用する単純梁

梁の場合と同じように解けばよい.

| (1)　反力計算

▶ 水平方向の力の釣り合い：$H_A = 0$　　　　　　　　　　　　　　　　　　(4.25)

▶ 鉛直方向の力の釣り合い：$V_A + V_B = 0$　　　　　　　　　　　　　　　(4.26)

　　ここで，$V_A = V_B = 0$ としないように注意しなければならない.

▶ モーメントの釣り合い（支点 A 基準）：

$$M_C - V_B l = 0 \qquad \therefore V_B = \frac{M_C}{l} \tag{4.27}$$

$$\therefore V_A = -\frac{M_C}{l} \tag{4.28}$$

| (2)　応力計算

　　図 4.15 に示すように，集中モーメントの作用する点 C の左側（$0 \leqq x \leqq a$）と右側
（$a \leqq x \leqq l$）で場合分けして検討する.　左側の自由体について考える.

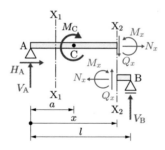

図 4.15　自由体の力の釣り合い

● $0 \leqq x \leqq a$ の場合（X_1-X_1 軸における切断）

▶ 水平方向の力の釣り合い：$N_x = 0$　　　　　　　　　　　　　　　　　　(4.29)

▶ 鉛直方向の力の釣り合い：$V_A - Q_x = 0,$　　　$-\dfrac{M_C}{l} - Q_x = 0$

$$\therefore Q_x = -\frac{M_C}{l} \tag{4.30}$$

▶ モーメントの釣り合い（切断面基準）：

$$-\frac{M_C}{l}x - M_x = 0 \qquad \therefore M_x = -\frac{M_C}{l}x \tag{4.31}$$

$$\begin{cases} x = 0 & \rightarrow & M_x = 0 \\ x = a & \rightarrow & M_x = -\dfrac{M_C a}{l} \end{cases} \tag{4.32}$$

● $a \leqq x \leqq l$ の場合（X_2-X_2 軸における切断）

▶ 水平方向の力の釣り合い：$N_x = 0$ $\hfill (4.33)$

▶ 鉛直方向の力の釣り合い：$-\dfrac{M_C}{l} - Q_x = 0 \qquad \therefore Q_x = -\dfrac{M_C}{l}$ $\hfill (4.34)$

▶ モーメントの釣り合い（切断面基準）：

$$-\frac{M_C}{l}x + M_C - M_x = 0 \qquad \therefore M_x = -\frac{M_C}{l}x + M_C \tag{4.35}$$

$$\begin{cases} x = a & \rightarrow & M_x = \dfrac{M_C}{l}(l-a) = \dfrac{M_C b}{l} \\ x = l & \rightarrow & M_x = 0 \end{cases} \tag{4.36}$$

(3) 応力図

応力図は図 4.16 のようになる.

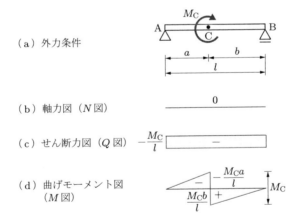

(a) 外力条件

(b) 軸力図（N 図）

(c) せん断力図（Q 図）

(d) 曲げモーメント図（M 図）

図 4.16　梁の途中にモーメント荷重が作用する単純梁の応力図

集中モーメントが作用している点 C において，M 図が階段状になっているが，この段差量は外力の集中モーメント M_C と一致する点に注意してほしい．また，段差があるものの，梁全長にわたって M 図の傾きは一定であり，その傾きが Q 図の値と対応している点も確認してほしい．

第5章に曲げモーメントとせん断力の関係が詳述されているので参照してほしい．

例題 4.3 図 4.17 に示すように，梁の支点に集中モーメントが作用する場合の応力を求めよ．

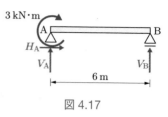

図 4.17

解 答

（1）反力計算

▶ 水平方向の力の釣り合い：$H_A = 0\,\text{kN}$

▶ 鉛直方向の力の釣り合い：$V_A + V_B = 0$

▶ モーメントの釣り合い（支点 A 基準）：

$$3 - V_B \times 6 = 0 \qquad \therefore V_B = 0.5\,\text{kN}$$

$$\therefore V_A = -0.5\,\text{kN}$$

（2）応力計算

図 4.18 のように切断し，左側の自由体について考える．

▶ 水平方向の力の釣り合い：$H_A + N_x = 0 \qquad \therefore N_x = 0\,\text{kN}$

▶ 鉛直方向の力の釣り合い：$V_A - Q_x = 0, \qquad -0.5 - Q_x = 0 \qquad \therefore Q_x = -0.5\,\text{kN}$

▶ モーメントの釣り合い（切断面基準）：

$$3 - 0.5x - M_x = 0 \qquad \therefore M_x = -0.5x + 3\,\text{kN·m}$$

$$\begin{cases} x = 0\,\text{m} & \to \quad M_x = 3\,\text{kN·m} \\ x = 6\,\text{m} & \to \quad M_x = 0\,\text{kN·m} \end{cases}$$

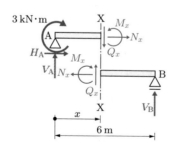

図 4.18　自由体の力の釣り合い

（3）応力図

応力図は図 4.19 のようになる．これは図 4.16 から求められる応力図で $a = 0$ と

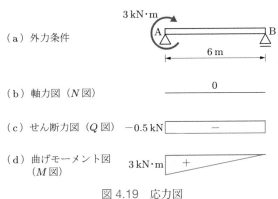

図 4.19 応力図

おいて得られる結果と同形となる.

例題 4.4 図 4.20 に示すように, 梁の支点にモーメント荷重が作用する単純梁の応力を求めよ.

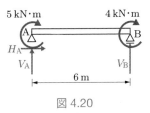

図 4.20

解 答

(1) 反力計算

▶ 水平方向の力の釣り合い:$H_A = 0\,\mathrm{kN}$

▶ 鉛直方向の力の釣り合い:$V_A + V_B = 0$

▶ モーメントの釣り合い (支点 A 基準):

$$5 + 4 - V_B \times 6 = 0 \qquad \therefore V_B = 1.5\,\mathrm{kN}$$

$$\therefore V_A = -1.5\,\mathrm{kN}$$

(2) 応力計算

図 4.21 のように切断し, 左側の自由体について考える.

▶ 水平方向の力の釣り合い:$H_A + N_x = 0 \qquad \therefore N_x = 0\,\mathrm{kN}$

▶ 鉛直方向の力の釣り合い:$V_A - Q_x = 0 \qquad \therefore Q_x = -1.5\,\mathrm{kN}$

▶ モーメントの釣り合い (切断面基準):$5 + V_A x - M_x = 0$

$$5 - \frac{5+4}{6}x - M_x = 0 \qquad \therefore M_x = -1.5x + 5\,\mathrm{kN\cdot m}$$

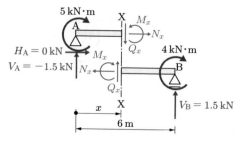

図4.21 自由体の力の釣り合い

$$\begin{cases} x = 0\,\mathrm{m} & \to \quad M_x = 5\,\mathrm{kN\cdot m} \\ x = 6\,\mathrm{m} & \to \quad M_x = -4\,\mathrm{kN\cdot m} \end{cases}$$

（3）応力図

応力図は図4.22のようになる.

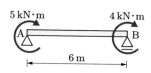

（a）外力条件

（b）軸力図（N図）

（c）せん断力図（Q図）

（d）曲げモーメント図（M図）

図4.22 応力図

演習問題 ▶

つぎに示すさまざまな荷重が作用する単純梁の反力と応力を求めよ.

4.1

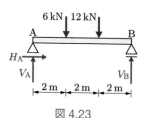

図4.23

4.2

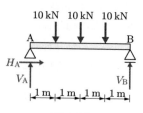

図4.24

4.3

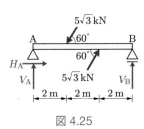

図 4.25

4.4

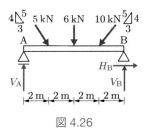

図 4.26

4.5

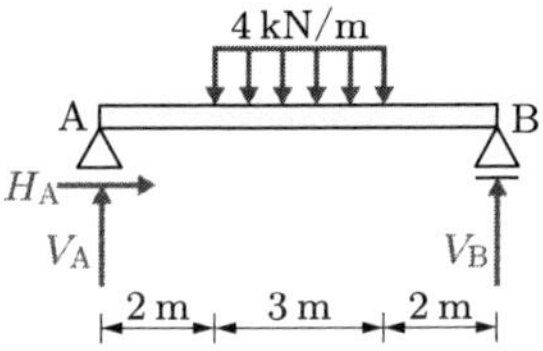

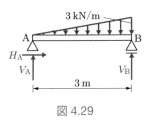

図 4.27

4.6

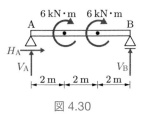

図 4.28

4.7

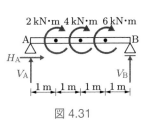

図 4.29

4.8

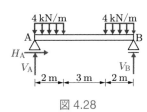

図 4.30

4.9

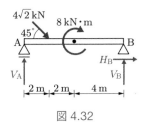

図 4.31

4.10

図 4.32

第5章

特殊な静定構造

これまで学習してきた片持ち梁，単純梁に比べて複雑な梁として，跳出し梁，ヒンジ付梁がある．また，梁と柱が接合された基本的な構造として逆T形構造，L形構造がある．本章では，それらの特殊な静定構造に作用する応力を求める方法とその考え方について説明する．なお，本章以降の応力図において軸力 N が全区間で 0 となる場合の軸力図は省略する．

5.1 ▶ 跳出し梁

図5.1のような，単純梁の支点の外側に部材が張り出した構造を**跳出し梁**（bouncing beam）という．跳出し梁の応力は，単純梁の計算同様，区間を分けて，切断面での応力の釣り合いにより求めることができる．

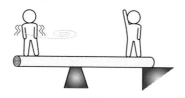

図 5.1　跳出し梁の例

図 5.2 に示す，自由端 C に集中荷重が作用する跳出し梁について考える．応力計算は CA 間と AB 間で分けて行う．なお，この問題では軸力は明らかに発生しないので省略する．

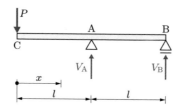

図 5.2　集中荷重が作用する跳出し梁

(1) 反力計算

▶ 鉛直方向の力の釣り合い：$-P + V_A + V_B = 0$ (5.1)

▶ モーメントの釣り合い（支点 B 基準）：$-P \times 2l + V_A l = 0$

$$\therefore V_A = 2P \tag{5.2}$$

$$\therefore V_B = -P \tag{5.3}$$

(2) 応力計算

外力の作用位置をふまえて，CA 間（$0 \leqq x \leqq l$），AB 間（$l \leqq x \leqq 2l$）に場合分けして検討する．左側の自由体について考える．

● $0 \leqq x \leqq l$ の場合

▶ 鉛直方向の力の釣り合い：$-P - Q_x = 0$ $\therefore Q_x = -P$ (5.4)

▶ モーメントの釣り合い（切断面基準）：

$$-Px - M_x = 0 \qquad \therefore M_x = -Px \tag{5.5}$$

$$\begin{cases} x = 0 & \to & M_x = 0 \\ x = l & \to & M_x = -Pl \end{cases} \tag{5.6}$$

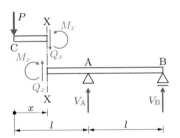

図 5.3 自由体（$0 \leqq x \leqq l$）の力の釣り合い

● $l \leqq x \leqq 2l$ の場合

▶ 鉛直方向の力の釣り合い：

$$-P + V_A - Q_x = 0 \qquad \therefore Q_x = -P + V_A = P \tag{5.7}$$

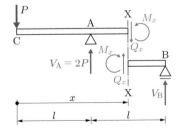

図 5.4 自由体（$l \leqq x \leqq 2l$）の力の釣り合い

▶モーメントの釣り合い（切断面基準）：

$$-Px + V_\text{A}(x - l) - M_x = 0 \qquad \therefore M_x = P(x - 2l) \tag{5.8}$$

$$\begin{cases} x = l & \to & M_x = -Pl \\ x = 2l & \to & M_x = 0 \end{cases} \tag{5.9}$$

（3）応力図

応力図は図5.5のようになる.

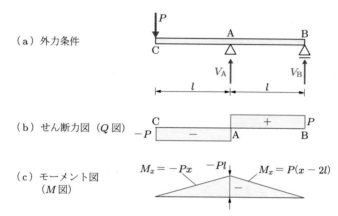

図5.5　集中荷重が作用する跳出し梁の応力図

例題 5.1　図5.6に示すように，張り出した部材に分布荷重が作用している跳出し梁の応力を求めよ.

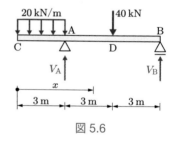

図5.6

解答

（1）反力計算

分布荷重をCA間の中点に作用する $20 \times 3 = 60 \, \text{kN}$ の集中荷重に置換して考える.

▶鉛直方向の力の釣り合い：$-60 + V_\text{A} - 40 + V_\text{B} = 0$

▶モーメントの釣り合い（支点A基準）：

$$-60 \times 1.5 + 40 \times 3 - V_\text{B} \times 6 = 0 \qquad \therefore V_\text{B} = 5 \, \text{kN}$$

$$\therefore V_\text{A} = 95 \, \text{kN}$$

（2）応力計算

　外力の作用位置をふまえて，CA 間（$0\,\mathrm{m} \leqq x \leqq 3\,\mathrm{m}$），AD 間（$3\,\mathrm{m} \leqq x \leqq 6\,\mathrm{m}$），DB 間（$6\,\mathrm{m} \leqq x \leqq 9\,\mathrm{m}$）に場合分けして検討する．左側の自由体について考える．

● $0\,\mathrm{m} \leqq x \leqq 3\,\mathrm{m}$ の場合（図 5.7）

　分布荷重は $x/2$ の位置に作用する集中荷重（$20x\,\mathrm{kN \cdot m}$）に置換して考える．

▶ 鉛直方向の力の釣り合い：$-20x - Q_x = 0$　　　$\therefore Q_x = -20x\,\mathrm{kN}$

$$\begin{cases} x = 0\,\mathrm{m} & \rightarrow & Q_x = 0\,\mathrm{kN} \\ x = 3\,\mathrm{m} & \rightarrow & Q_x = -60\,\mathrm{kN} \end{cases}$$

▶ モーメントの釣り合い（切断面基準）：

$$-20x\frac{x}{2} - M_x = 0 \qquad \therefore M_x = -10x^2\,\mathrm{kN \cdot m}$$

$$\begin{cases} x = 0\,\mathrm{m} & \rightarrow & M_x = 0\,\mathrm{kN \cdot m} \\ x = 3\,\mathrm{m} & \rightarrow & M_x = -90\,\mathrm{kN \cdot m} \end{cases}$$

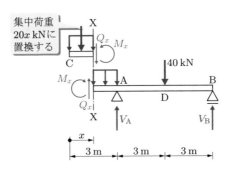

図 5.7　自由体（$0\,\mathrm{m} \leqq x \leqq 3\,\mathrm{m}$）の力の釣り合い

● $3\,\mathrm{m} \leqq x \leqq 6\,\mathrm{m}$ の場合（図 5.8）

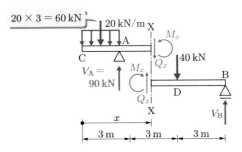

図 5.8　自由体（$3\,\mathrm{m} \leqq x \leqq 6\,\mathrm{m}$）の力の釣り合い

▶ 鉛直方向の力の釣り合い：$-20 \times 3 + 95 - Q = 0$ $\therefore Q = 35\,\text{kN}$

▶ モーメントの釣り合い（切断面基準）：

$$-60(x - 1.5) + 95(x - 3) - M_x = 0 \quad \therefore M_x = 35x - 195\,\text{kN·m}$$

$$\begin{cases} x = 3\,\text{m} & \to & M_x = -90\,\text{kN·m} \\ x = 6\,\text{m} & \to & M_x = 15\,\text{kN·m} \end{cases}$$

● $6\,\text{m} \leqq x \leqq 9\,\text{m}$ の場合（図 5.9）

▶ 鉛直方向の力の釣り合い：

$$-60 + 95 - 40 - Q_x = 0 \quad \therefore Q_x = -5\,\text{kN}$$

▶ モーメントの釣り合い（切断面基準）：

$$-60(x - 1.5) + 95(x - 3) - 40(x - 6) - M_x = 0$$

$$\therefore M_x = -5x + 45\,\text{kN·m}$$

$$\begin{cases} x = 6\,\text{m} & \to & M_x = 15\,\text{kN·m} \\ x = 9\,\text{m} & \to & M_x = 0\,\text{kN·m} \end{cases}$$

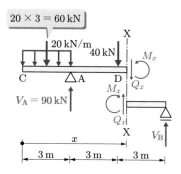

図 5.9 　自由体（$6\,\text{m} \leqq x \leqq 9\,\text{m}$）の力の釣り合い

（3）応力図

応力図は図 5.10 のようになる.

なお，付録 B に示す微分・積分関係は図 5.10 でも成立していることを確認できる. すなわち，M 図の傾き（微分値）は Q 図となり，Q 図の原点からの面積（積分）は M 図となっている.

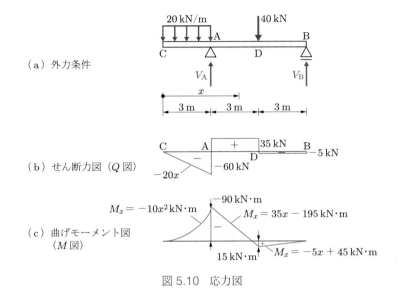

（a）外力条件

（b）せん断力図（Q 図）

（c）曲げモーメント図（M 図）

$$M_x = -10x^2 \text{ kN·m}$$

$$M_x = 35x - 195 \text{ kN·m}$$

$$M_x = -5x + 45 \text{ kN·m}$$

図 5.10 応力図

5.2 ▶ ヒンジ付梁

図 5.11 に示す扉の蝶番のような構造をヒンジという．このヒンジが組み込まれた梁を**ヒンジ付梁**（hinged beam）という．ヒンジは自由に回転し，せん断力と軸力は伝わり，モーメントは伝わらない節点である．このため，ヒンジの位置で，モーメントの値が 0 となるようモーメントの釣り合い式を立てる．

図 5.11 蝶番（ヒンジの一種）

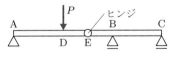

図 5.12 ヒンジ付梁

たとえば，図 5.12 に示すヒンジ付梁では，点 E の両側でモーメントに関する二つの釣り合い式を考えればよい．あるいは，ヒンジ付梁全体のモーメントの釣り合いと点 E の左右どちらか側のモーメントの釣り合いを考えてもよい．なお，ヒンジ付梁で，力の釣り合いから支点反力を計算するためには，ヒンジの数と支点の条件に一定の関係が成立する必要がある（p.73「ヒンジ付梁の計算条件」参照）．

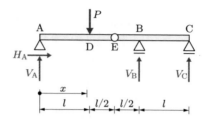

図5.13 鉛直荷重が作用するヒンジ付梁

図5.13に示すヒンジ付梁について考える．なお，この問題では軸力は明らかに発生しないので省略する．

(1) 反力計算

▶ 鉛直方向の力の釣り合い：$V_A - P + V_B + V_C = 0$ $\qquad$ (5.10)

▶ モーメントの釣り合い（点E基準．点Eの左と右をそれぞれ計算する）：

$$\text{ヒンジの左側} \qquad V_A \frac{3l}{2} - P \frac{l}{2} = 0 \qquad (5.11)$$

$$\text{ヒンジの右側} \qquad -V_B \frac{l}{2} - V_C \frac{3l}{2} = 0 \qquad (5.12)$$

$$\therefore V_A = \frac{P}{3}, \qquad V_B = P, \qquad V_C = -\frac{P}{3} \qquad (5.13)$$

(2) 応力計算

外力の作用位置をふまえて，AD間（$0 \leqq x \leqq l$），DB間（$l \leqq x \leqq 2l$），BC間（$2l \leqq x \leqq 3l$）に場合分けして検討する．左側の自由体について考える．

● $0 \leqq x \leqq l$ の場合（図5.14）

▶ 鉛直方向の力の釣り合い：$V_A - Q_x = 0$ $\qquad \therefore Q_x = \frac{P}{3}$ $\qquad$ (5.14)

▶ モーメントの釣り合い（切断面基準）：

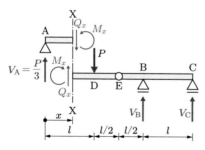

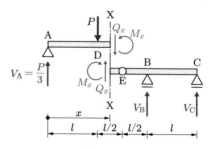

| 図5.14 自由体（$0 \leqq x \leqq l$）の力の釣り合い | 図5.15 自由体（$l \leqq x \leqq 2l$）の力の釣り合い |

$$V_{\mathrm{A}}x - M_x = 0 \qquad \therefore M_x = \frac{P}{3}x \tag{5.15}$$

$$\begin{cases} x = 0 & \rightarrow & M_x = 0 \\ x = l & \rightarrow & M_x = \dfrac{P}{3}l \end{cases} \tag{5.16}$$

● $l \leqq x \leqq 2l$ の場合（図 5.15）

▶ 鉛直方向の力の釣り合い：$V_{\mathrm{A}} - P - Q_x = 0 \qquad \therefore Q_x = -\dfrac{2}{3}P$ （5.17）

▶ モーメントの釣り合い（切断面基準）：

$$V_{\mathrm{A}}x - P(x - l) - M_x = 0 \qquad \therefore M_x = -\frac{2P}{3}x + Pl \tag{5.18}$$

$$\begin{cases} x = l & \rightarrow & M_x = \dfrac{P}{3}l \\ x = 2l & \rightarrow & M_x = -\dfrac{P}{3}l \end{cases} \tag{5.19}$$

なお，ここで示したように，ヒンジが計算区間の中に存在しても，ヒンジの左右で区間を分けずに自由体の釣り合いを考えることができる．この理由を説明しよう．

式(5.10)〜(5.13)で計算した支点反力にはヒンジの存在が反映されている．したがって，この反力を用いて式(5.17)と式(5.18)から計算した応力にも，ヒンジの存在が織り込み済となっている．具体的には，ヒンジを介して軸力とせん断力は伝達し，ヒンジ位置で曲げモーメントは 0 となる条件が応力に反映されている．このため，ヒンジの左右で釣り合い方程式を変えて計算する必要はない．ただし，ヒンジに集中荷重が作用する場合は除く．

● $2l \leqq x \leqq 3l$ の場合（図 5.16）

▶ 鉛直方向の力の釣り合い：$V_{\mathrm{A}} - P + V_{\mathrm{B}} - Q_x = 0 \qquad \therefore Q_x = \dfrac{P}{3}$ （5.20）

▶ モーメントの釣り合い（切断面基準）：

$$V_{\mathrm{A}}x - P(x - l) + P(x - 2l) - M_x = 0 \qquad \therefore M_x = \frac{P}{3}x - Pl \tag{5.21}$$

$$\begin{cases} x = 2l & \rightarrow & M_x = -\dfrac{Pl}{3} \\ x = 3l & \rightarrow & M_x = 0 \end{cases} \tag{5.22}$$

（3）応力図

応力図は図 5.17 のようになる．

なお，付録 B に示す微分・積分関係は図 5.17 でも成立していることを確認できる．すなわち，M 図の傾き（微分値）は Q 図となり，Q 図の原点からの面積（積分）は M 図となっている．

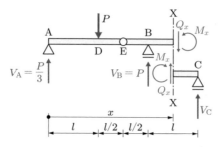

図 5.16 自由体（$2l \leqq x \leqq 3l$）の力の釣り合い

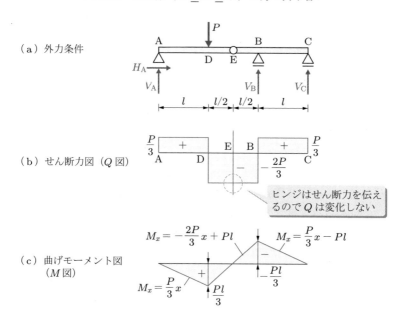

（a）外力条件

（b）せん断力図（Q 図）

ヒンジはせん断力を伝えるので Q は変化しない

（c）曲げモーメント図（M 図）

図 5.17 鉛直荷重が作用するヒンジ付梁の応力図

■ヒンジ付梁の計算条件

ヒンジ付梁で，力の釣り合いから支点反力を計算することができる条件を説明しよう（詳しくは第8章で説明する）．

図 5.12 に示すヒンジ付梁の三つの支点の反力の数（未知数）は以下となる．

「支点 A で 2 個（水平と鉛直）」＋「支点 B と C で 1 個ずつ（鉛直）」→ 4 個

ヒンジが 1 個の場合には，ヒンジの右側の構造と左側の構造で，モーメントに関する 2 個の釣り合い式を立てることができる．したがって，力の釣り合い方程式の個数は以下となる．

「水平方向」＋「鉛直方向」＋「モーメント」× 2 式（ヒンジの左右）→ 4 式

このように，未知数と方程式の数が等しくなる場合は，力の釣り合いだけから支点反力を計算できる．

例題 5.2 図 5.18 に示すように，分布荷重が作用しているヒンジ付梁の応力を求めよ．

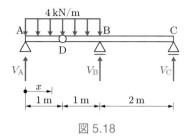

図 5.18

解 答

（1）反力計算

図 5.19 に示すように，分布荷重はヒンジの左右で別々に集中荷重に置換して計算する．

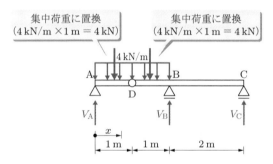

図 5.19　分布荷重から集中荷重への置換方法

▶ 鉛直方向の力の釣り合い：$V_A - 4 - 4 + V_B + V_C = 0$

▶ モーメントの釣り合い（点 D 基準）：

    ヒンジの左側　　$V_A \times 1 - 4 \times 0.5 = 0$

    ヒンジの右側　　$4 \times 0.5 - V_B \times 1 - V_C \times 3 = 0$

$$\therefore V_A = 2\,\text{kN}, \qquad V_B = 8\,\text{kN}, \qquad V_C = -2\,\text{kN}$$

（2）応力計算

外力の作用位置をふまえて，AB 間（$0\,\text{m} \leqq x \leqq 2\,\text{m}$），BC 間（$2\,\text{m} \leqq x \leqq 4\,\text{m}$）に場合分けして検討する．左側の自由体について考える．

● $0\,\text{m} \leqq x \leqq 2\,\text{m}$ の場合（図 5.20）

分布荷重は（$x/2\,\text{m}$）の位置に作用する集中荷重（$4x\,\text{kN·m}$）に置換して考える．

▶ 鉛直方向の力の釣り合い：$V_A - 4x - Q_x = 0$　　$\therefore Q_x = -4x + 2\,\text{kN}$

$$\begin{cases} x = 0\,\mathrm{m} & \rightarrow \quad Q_x = 2\,\mathrm{kN} \\ x = 2\,\mathrm{m} & \rightarrow \quad Q_x = -6\,\mathrm{kN} \end{cases}$$

▶ モーメントの釣り合い（切断面基準）：

$$V_A x - 4x\frac{x}{2} - M_x = 0 \qquad \therefore M_x = -2x^2 + 2x$$

なお，本式を平方完成すると，

$$M_x = -2(x - 0.5)^2 + 0.5\,\mathrm{kN \cdot m}$$

となり，モーメントが最小となるのは $x = 0.5\,\mathrm{m}$ の位置である．

$$\begin{cases} x = 0 & \rightarrow \quad M_x = 0\,\mathrm{kN \cdot m} \\ x = 0.5\,\mathrm{m} & \rightarrow \quad M_x = 0.5\,\mathrm{kN \cdot m} \\ x = 2\,\mathrm{m} & \rightarrow \quad M_x = -4\,\mathrm{kN \cdot m} \end{cases}$$

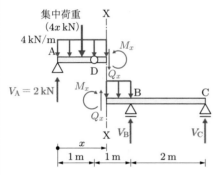

図 5.20 自由体（$0\,\mathrm{m} \leqq x \leqq 2\,\mathrm{m}$）の力の釣り合い

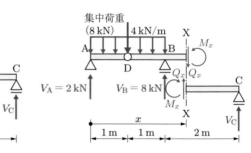

図 5.21 自由体（$2\,\mathrm{m} \leqq x \leqq 4\,\mathrm{m}$）の力の釣り合い

● $2\,\mathrm{m} \leqq x \leqq 4\,\mathrm{m}$ の場合（図 5.21）

分布荷重を集中荷重（$8\,\mathrm{kN}$）に置換して計算する（$4\,\mathrm{kN}$ の二つの集中荷重で計算してもよい）．

▶ 鉛直方向の力の釣り合い：$V_A - 8 + V_B - Q_x = 0 \qquad \therefore Q_x = 2\,\mathrm{kN}$

▶ モーメントの釣り合い（切断面基準）：

$$V_A x - 8(x - 1) + V_B(x - 2) - M_x = 0 \qquad \therefore M_x = 2x - 8\,\mathrm{kN \cdot m}$$

$$\begin{cases} x = 2\,\mathrm{m} & \rightarrow \quad M_x = -4\,\mathrm{kN \cdot m} \\ x = 4\,\mathrm{m} & \rightarrow \quad M_x = 0\,\mathrm{kN \cdot m} \end{cases}$$

（3）応力図

応力図は図 5.22 のようになる.

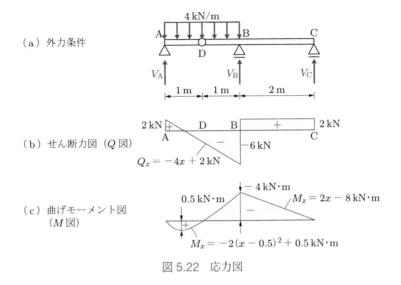

図 5.22　応力図

5.3 ▶ 逆 T 形構造, L 形構造

図 5.23(a)に示すような構造を**逆 T 形構造**（inverted T-shaped structure），図(b)に示すような構造を **L 形構造**（L-shaped structure）という．いずれも鉛直方向の部材が存在し，水平方向の部材と剛接合されている構造である．**剛接合**とは，2.2.2 項で説明したように，水平部材と鉛直部材の間で水平方向の力，鉛直方向の力，モーメントともに完全に伝達できるよう，しっかり固定された接合方式である．

逆 T 形構造や L 形構造には，これまで出てきていない**鉛直部材**がある．鉛直部材の応力の符号は，図 5.24 に示すように，第 3 章で説明した水平部材の応力の符号の付け方に基づき，これを反時計まわりに 90° 回転させたものとする．同様のルールで，N

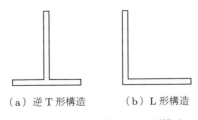

（a）逆 T 形構造　　　（b）L 形構造

図 5.23　逆 T 形構造と L 形構造

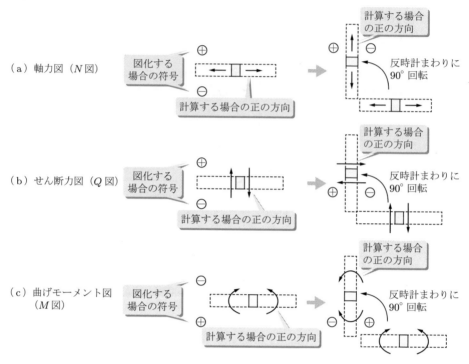

図 5.24 鉛直部材の応力の符号の付け方

図，Q 図，M 図を描く正負の方向も定める．つまり，鉛直部材では，軸力とせん断力に関しては「部材の左側」がプラス，「部材の右側」をマイナスとして描く．曲げモーメントに関しては，これと反対方向にプラスとマイナスを定める．

以上の鉛直部材の応力の符号ルールを適用すると，逆 T 形構造の応力図の正負のとり方は図 5.25 のようになる．

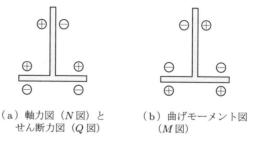

(a) 軸力図（N図）と　　(b) 曲げモーメント図
せん断力図（Q図）　　　　（M図）

図 5.25 逆 T 形構造の応力図の正負方向

■5.3.1 逆 T 形構造の応力計算

図 5.26 に示す水平方向の集中荷重を受ける逆 T 形構造の応力を計算する．柱と梁からなる逆 T 形構造においても，これまで説明してきた任意の位置に切断面を設ける方法で応力を計算できる．また，5.3.2 項で説明するように，柱と梁の接合部で部材を分けて解く分離解法でも応力を計算できる．まずは，前者の方法で解いてみよう．

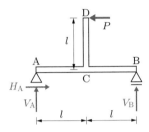

図 5.26　水平方向の集中荷重が作用する逆 T 形構造

（1）反力計算

▶ 水平方向の力の釣り合い：$H_A - P = 0$　　　∴ $H_A = P$ 　　　　(5.23)

▶ 鉛直方向の力の釣り合い：$V_A + V_B = 0$ 　　　　(5.24)

▶ モーメントの釣り合い（点 A 基準）：

$$-Pl - V_B 2l = 0 \qquad \therefore V_B = -\frac{P}{2}$$ (5.25)

$$\therefore V_A = \frac{P}{2}$$ (5.26)

（2）応力計算

逆 T 形構造，L 形構造のように水平部材と鉛直部材を有する構造では，水平部材と鉛直部材それぞれに切断面を設定して自由体の釣り合いを考える．

＜水平部材＞　外力作用位置をふまえて，AC 間（$0 \leqq x \leqq l$），CB 間（$l \leqq x \leqq 2l$）に場合分けして検討する．左側の自由体を考える．

● $0 \leqq x \leqq l$ の場合（図 5.27）

▶ 水平方向の釣り合い：$H_A + N_x = 0$　　　∴ $N_x = -P$ 　　　　(5.27)

▶ 鉛直方向の力の釣り合い：$V_A - Q_x = 0$　　　∴ $Q_x = \frac{P}{2}$ 　　　　(5.28)

▶ モーメントの釣り合い（切断面基準）：

$$V_A x - M_x = 0 \qquad \therefore M_x = \frac{P}{2}x$$ (5.29)

$$\begin{cases} x = 0 & \to & M_x = 0 \\ x = l & \to & M_x = \dfrac{Pl}{2} \end{cases}$$

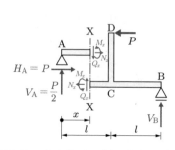

図 5.27 自由体 $(0 \leqq x \leqq l)$ の力の
釣り合い

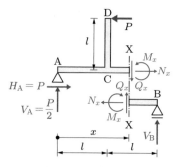

図 5.28 自由体 $(l \leqq x \leqq 2l)$ の力の
釣り合い

- $l \leqq x \leqq 2l$ の場合（図 5.28）

▶ 水平方向の力の釣り合い：$H_A - P + N_x = 0$ $\quad \therefore N_x = 0$ $\qquad$ (5.30)

▶ 鉛直方向の力の釣り合い：$V_A - Q_x = 0$ $\quad \therefore Q_x = \dfrac{P}{2}$ $\qquad$ (5.31)

▶ モーメントの釣り合い（切断面基準）：

$$V_A x - Pl - M_x = 0 \qquad \therefore M_x = \frac{P}{2}x - Pl \qquad (5.32)$$

$$\begin{cases} x = l \quad \rightarrow \quad M_x = -\dfrac{Pl}{2} \\[2mm] x = 2l \quad \rightarrow \quad M_x = 0 \end{cases} \qquad (5.33)$$

＜鉛直部材＞ 図 5.29 に示すように，あらためて点 C から上向きに y 座標を設定し，切断面から下側の水平部材を含めた自由体の釣り合いを考える．

▶ 水平方向の力の釣り合い：$H_A + Q_y = 0$ $\quad \therefore Q_y = -P$ $\qquad$ (5.34)

▶ 鉛直方向の力の釣り合い：$V_A + V_B + N_y = 0$ $\quad \therefore N_y = 0$ $\qquad$ (5.35)

▶ モーメントの釣り合い（切断面基準）：

$$-H_A y + V_A l - V_B l - M_y = 0 \qquad \therefore M_y = -Py + Pl \qquad (5.36)$$

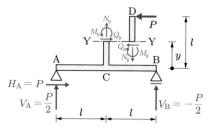

図 5.29 鉛直部材の力の釣り合い

$$\begin{cases} y = 0 & \rightarrow & M_y = Pl \\ y = l & \rightarrow & M_y = 0 \end{cases} \tag{5.37}$$

（3）応力図

応力図は図 5.30 のようになる．

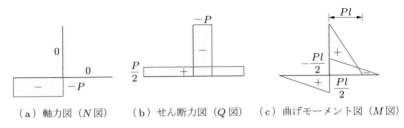

（a）軸力図（N図）　　（b）せん断力図（Q図）　　（c）曲げモーメント図（M図）

図 5.30　水平方向の集中荷重が作用する逆 T 形構造の応力図

■5.3.2　分離解法による応力計算

ここでは図 5.26 に示した逆 T 形構造を別解法である分離解法で解いてみよう．**分離解法**（substructure method）は，水平部材と鉛直部材の節点位置で構造体を分離し，水平部材と鉛直部材ごとに応力を求める方法であり，図 5.26 に示す逆 T 形構造の具体的な解法手順はつぎのとおりである．

① 点 C で水平部材と鉛直部材に分離し，部材ごとに応力を求める．

② 鉛直部材は点 C を固定端とする片持ち梁と考えて，固定端反力と応力を計算する．

③ 作用反作用の法則から，水平部材の点 C には「鉛直部材の固定端反力」の「符号を反転させた力」が外力として作用すると考える．

④ この外力が作用する「単純梁」として水平部材の反力と応力を計算する．

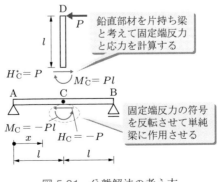

図 5.31　分離解法の考え方

以上の考え方を図 5.31 に示す．この図に示すように，鉛直部材の点 C における固定端反力は，$H_C^* = P$（右向き），$M_C^* = Pl$（時計まわり）であり，この反力の符号を反転させて，$H_C = -P$（左向き），$M_C = Pl$（反時計まわり）を単純梁に外力として作用させる．

まず鉛直部材を考える．点 D から下向きに y 座標を設定して計算する．鉛直部材の切断面位置で自由体の釣り合いを考えると，$N_y = 0$，$Q_y = -P$，$M_y = Px$ となる．したがって，応力図は図 5.32 に示すようになる．もちろん，点 C から上向きに座標軸をとって自由体の釣り合いを考えてもよい．

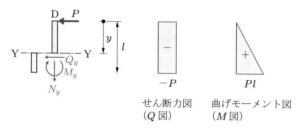

せん断力図　　曲げモーメント図
（Q 図）　　　　（M 図）

図 5.32　鉛直部材の応力図

つぎに水平部材を考える．鉛直部材下端の固定端反力の符号を逆転し，単純梁に作用させる．計算方法は 4.3 節で説明しているので，ここでは省略するが，結果は図 5.33 のように求められる．以上の図 5.32 と図 5.33 を組み合わせると，応力図は図 5.30 のようになる．

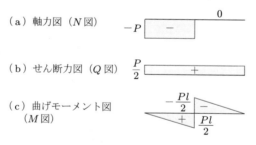

（a）軸力図（N 図）

（b）せん断力図（Q 図）

（c）曲げモーメント図
　　（M 図）

図 5.33　水平部材の応力図

例題5.3 図 5.34 に示すように，斜めの荷重が作用している L 形構造の応力を求めよ．

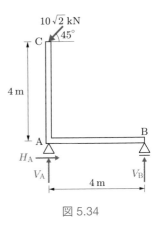

図 5.34

解 答

（1）反力計算

点 C に作用する外力を，水平方向の力（左向き 10 kN）と鉛直方向の力（下向き 10 kN）に分解してから計算する．

▶ 水平方向の力の釣り合い：$H_A - 10 = 0$ $\therefore H_A = 10\,\text{kN}$

▶ 鉛直方向の力の釣り合い：$V_A + V_B - 10 = 0$

▶ モーメントの釣り合い（支点 A 基準）：$-10 \times 4 - V_B \times 4 = 0$ $\therefore V_B = -10\,\text{kN}$

$$\therefore V_A = 20\,\text{kN}$$

（2）応力計算

＜水平部材＞ 図 5.35 に示すように，支点 A から右向きに x 座標を設定し，切断面から左側の自由体のつり合いを考える．

▶ 水平方向の力の釣り合い：$H_A + N_x - 10 = 0$ $\therefore N_x = 0$

▶ 鉛直方向の力の釣り合い：$V_A - Q_x - 10 = 0$ $\therefore Q_x = 10\,\text{kN}$

▶ モーメントの釣り合い（切断面基準）：

$$V_A x - 10 \times 4 - 10x - M_x = 0 \qquad \therefore M_x = 10x - 40\,\text{kN·m}$$

$$\begin{cases} x = 0\,\text{m} & \rightarrow \quad M_A = -40\,\text{kN·m} \\ x = 4\,\text{m} & \rightarrow \quad M_A = 0\,\text{kN·m} \end{cases}$$

＜鉛直部材＞ 図 5.36 に示すように，点 C から下向きにあらためて y 座標を設定し，切断面から下側の自由体のつり合いを考える．なお，支点 A から上向きに y 座標を設定してもよいが，計算がやや煩雑になる．

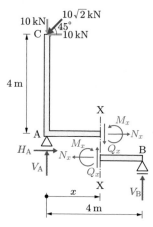

図 5.35　水平部材の力の釣り合い　　　　　図 5.36　鉛直部材の力の釣り合い

▶ 水平方向の力の釣り合い：$-10 - N_y = 0$　　　$\therefore N_y = -10\,\text{kN}$

▶ 鉛直方向の力の釣り合い：$-10 - Q_y = 0$　　　$\therefore Q_y = -10\,\text{kN}$

▶ モーメントの釣り合い（切断面基準）：$-10y + M_y = 0$　　　$\therefore M_y = 10y\,\text{kN·m}$

$$\begin{cases} y = 0\,\text{m} & \to & M_y = 0\,\text{kN·m} \\ y = 4\,\text{m} & \to & M_y = 40\,\text{kN·m} \end{cases}$$

（3）応力図

応力図は図 5.37 のようになる．

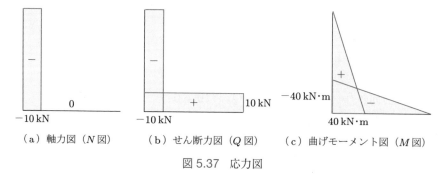

（a）軸力図（N 図）　　（b）せん断力図（Q 図）　　（c）曲げモーメント図（M 図）

図 5.37　応力図

［分離解法による解法］

図 5.38 に示すように，支点 A の位置で部材を分離し，鉛直部材の固定端反力と応力を計算する．固定端反力の値は，$V_A^* = 10\,\text{kN}$（上向き），$H_A^* = 10\,\text{kN}$（右向き），$M_A^* = 40\,\text{kN·m}$（反時計まわり）となるので，この反力の符号を反転させ，水

平部材に作用させて応力を計算する．ここで，鉛直方向の力と水平方向の力は直接，支点 A に作用するので，単純梁にはモーメントのみが作用するとして応力を求めればよい．なお，答えは図 5.37 と同じとなるので省略する．

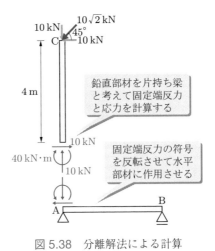

図 5.38　分離解法による計算

演習問題 ▶

つぎに示すさまざまな荷重が作用する構造物の反力と応力を求めよ．

5.1

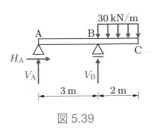

図 5.39

5.2

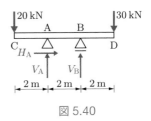

図 5.40

5.3

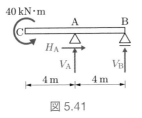

図 5.41

5.4

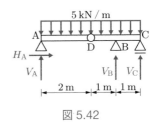

図 5.42

5.5

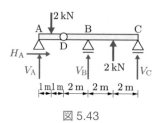

図 5.43

5.6

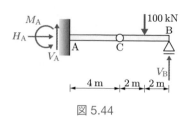

図 5.44

5.7

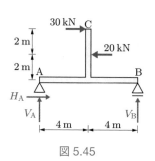

図 5.45

5.8

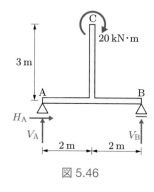

図 5.46

5.9

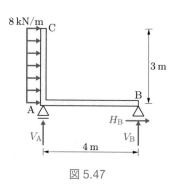

図 5.47

5.10

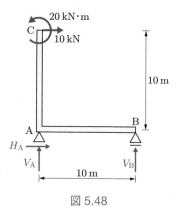

図 5.48

第6章

静定門形ラーメン構造

　水平部材の**梁材**（beam member）と鉛直部材の**柱材**（column member）からなり，それらの部材が剛接合された構造を**ラーメン構造**（rahmen structure）という．剛接合は，すでに説明したように，連結される部材の間で水平方向の力，鉛直方向の力，モーメントすべてが完全に伝わる接合方式である．

　実際のラーメン構造は，図6.1(a)に示すように，基礎部に**水平部材**（**基礎梁**：foundation beam）が存在し，鉛直部材の上下端とも水平部材に剛接合されている場合が一般的である．ただし，このようなラーメン構造の計算は難しいため，さらに学習が進んだII巻で学ぶことにする．

　本章では，図6.1(b)に示すように，梁材の両端を柱で支え，柱の下端がピン支点とローラー支点で支持されたラーメン構造を対象にその解法を説明する．なお，第8章で詳しく説明するように，力の釣り合いだけから応力計算できる構造を「静定構造」というが，それだけでは計算できない「不静定構造」もラーメン構造にはよくある．本章では静定解造に限定して説明するので，以後「静定門形ラーメン構造」とよぶ．

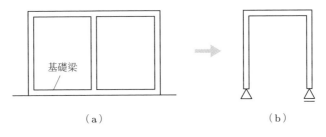

基礎梁

（a）　　　　　　　　　　　　　　（b）

図 6.1　静定門形ラーメン構造

■**静定門形ラーメン構造の応力図の正負方向**
　第5章では，逆T形構造とL形構造について鉛直部材の応力を計算するための符号のルールを示した．静定門形ラーメンに対しても，第5章と同じルールを適用する．応力図を描く場合の符号を図6.2に示す．2本の柱について，符号が正となる方向は一致することに注意する．

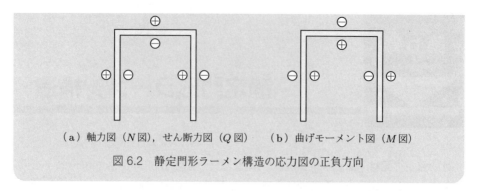

（a）軸力図（N図），せん断力図（Q図）　（b）曲げモーメント図（M図）

図 6.2　静定門形ラーメン構造の応力図の正負方向

6.1 ▶ 鉛直荷重が作用する静定門形ラーメン

■6.1.1　釣り合い式による応力計算

図 6.3 に示す鉛直方向に集中荷重が作用する静定門形ラーメンを考える．単純梁などの計算と同じように，ラーメンの任意の位置に切断面を設け，切断面での応力の釣り合いを計算する．

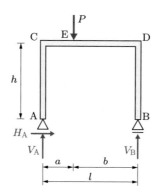

図 6.3　鉛直荷重が作用する静定門形ラーメン

(1) 反力計算

▶ 水平方向の力の釣り合い：$H_A = 0$ （6.1）

▶ 鉛直方向の力の釣り合い：$V_A - P + V_B = 0$ （6.2）

▶ モーメントの釣り合い（支点 A 基準）：

$$Pa - V_B l = 0 \qquad \therefore V_B = \frac{Pa}{l}$$ （6.3）

$$\therefore V_A = \frac{Pb}{l}$$ （6.4）

（2）応力計算

5.3節の逆T形構造で説明したように，応力計算は部材ごと（柱材 AC，梁材 CD，柱材 BD）に考える．

＜柱材 AC＞ 図6.4に示すように支点 A から上向きに y 座標をとり，切断面の下側の自由体の釣り合いを考える．

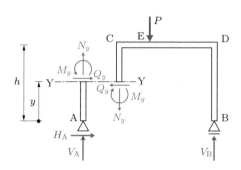

図6.4 自由体（柱材 AC 間）の力の釣り合い

▷ 水平方向の力の釣り合い：$H_A + Q_y = 0$ $\quad\quad \therefore Q_y = 0$ $\quad\quad\quad$ (6.5)

▷ 鉛直方向の力の釣り合い：$V_A + N_y = 0$ $\quad\quad \therefore N_y = -\dfrac{Pb}{l}$ $\quad\quad\quad$ (6.6)

▷ モーメントの釣り合い（切断面基準）：

$$-H_A y - M_y = 0 \quad\quad \therefore M_y = 0 \quad\quad\quad\quad (6.7)$$

＜梁材 CD＞ 外力の作用位置をふまえ，CE 間（$0 \leqq x \leqq a$），ED 間（$a \leqq x \leqq l$）に場合分けして検討する．左側の自由体を考える．

● $0 \leqq x \leqq a$ の場合

図6.5に示すように，点 C から右向きに x 座標をとり，切断面の左側の自由体の釣り合いを考える．

▷ 水平方向の力の釣り合い：$H_A + N_x = 0$ $\quad\quad \therefore N_x = 0$ $\quad\quad\quad$ (6.8)

▷ 鉛直方向の力の釣り合い：$V_A - Q_x = 0$ $\quad\quad \therefore Q_x = \dfrac{Pb}{l}$ $\quad\quad\quad$ (6.9)

▷ モーメントの釣り合い（切断面基準）：

$$V_A x - M_x = 0 \quad\quad \therefore M_x = \frac{Pb}{l} x \quad\quad\quad\quad (6.10)$$

$$\begin{cases} x = 0 & \rightarrow \quad M_x = 0 \\ x = a & \rightarrow \quad M_x = \dfrac{Pab}{l} \end{cases} \quad\quad\quad\quad (6.11)$$

● $a \leqq x \leqq l$ の場合（図6.6）

▷ 水平方向の力の釣り合い：$H_A + N_x = 0$ $\quad\quad \therefore N_x = 0$ $\quad\quad\quad$ (6.12)

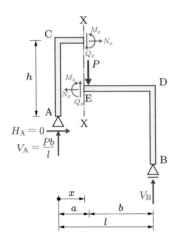 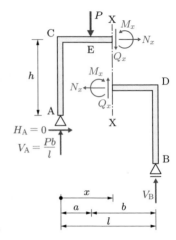

図 6.5 自由体（C～E 間）の力の釣り合い　図 6.6 自由体（E～D 間）の力の釣り合い

▶ 鉛直方向の力の釣り合い：$V_A - P - Q_x = 0$　　$\therefore Q_x = -\dfrac{Pa}{l}$ 　　　　　　(6.13)

▶ モーメントの釣り合い（切断面基準）：

$$V_A x - P(x - a) - M_x = 0 \qquad \therefore M_x = Pa\left(1 - \frac{x}{l}\right) \tag{6.14}$$

$$\begin{cases} x = a & \to & M_x = \dfrac{Pab}{l} \\[2mm] x = l & \to & M_x = 0 \end{cases} \tag{6.15}$$

＜柱材 BD＞（図 6.7）

▶ 水平方向の力の釣り合い：$Q_y = 0$ 　　　　　　　　　　　　　　　　　　(6.16)

▶ 鉛直方向の力の釣り合い：$V_B + N_y = 0$　　$\therefore N_y = -\dfrac{Pa}{l}$ 　　　　　(6.17)

▶ モーメントの釣り合い（切断面基準）：$M_y = 0$ 　　　　　　　　　　　　(6.18)

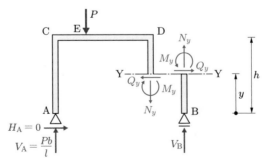

図 6.7 自由体（柱材 BD 間）の力の釣り合い

（3）応力図

応力図は図 6.8 のようになる.

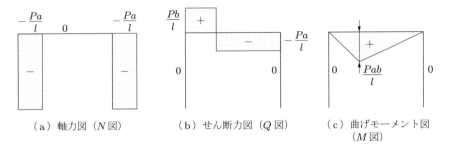

（a）軸力図（N 図）　　　（b）せん断力図（Q 図）　　　（c）曲げモーメント図
（M 図）

図 6.8　鉛直荷重が作用する静定門形ラーメンの応力図

■6.1.2　分離解法による応力計算

6.1.1 項と同じ問題を分離解法で解いてみよう. 5.3.2 項で説明したように, 分離解法は, 部材ごとに応力を求める方法である. ラーメン構造の場合は, 柱材の上端で梁材と柱材を分離して計算すればよい. 計算手順を以下に示す. なお, 支点 A と支点 B の反力は先に計算した結果を用いる.

① 　二つの「柱材」の上端位置で梁材と分離し, 分離した部材ごとに応力を求める.
② 　柱材は「上端を固定端とし, 下端に外力が作用する」片持ち梁と考えて, 上端位置の固定端反力を計算し, これから応力を計算する.
③ 　作用反作用の関係から, 梁材には「柱材上端位置の固定端反力」の「符号を反転させた力」が外力として作用するとし, この外力が作用する「単純梁」として梁材の応力を求める.

（1）応力計算

＜柱材 AC＞　柱材 AC を上端位置（点 C）で支持された片持ち梁と考え, 点 C の固定端反力（V_C^*）を計算する. 支点 A の鉛直方向の反力を外力として図 6.9 に示す力の釣り合いを考えると, 固定端反力は $V_C^* = -Pb/l$（下向き）となる. 水平方向の反力やモーメント反力は発生しない.

＜柱材 BD＞　同様に柱材 BD の上端位置（点 D）には, 鉛直方向の固定端反力（$V_D^* = -Pa/l$：下向き）のみが生じる.

＜梁材 CD＞　柱材上端の固定端反力の符号を逆転させて梁材の両端に作用させる. したがって, 単純梁の点 E に P が, 両端に上向きの外力（V_C, V_D）が作用する問題となる. 図 6.10 にはこの概念を示す.

以上から, 図 6.8 と同じ応力図が求められる. なお, 図 6.10 からわかるように, 梁

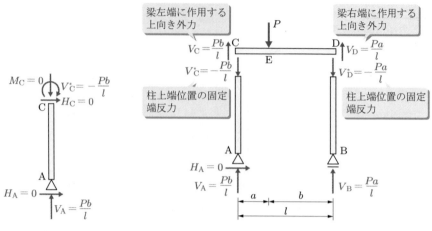

図 6.9　柱材の力の釣り合い

図 6.10　分離解法の考え方

材の応力は点 E に集中荷重が作用する単純梁と同じになる．つまり，梁材に鉛直荷重のみを受ける静定門形ラーメンの梁材は，単純梁として応力計算ができ，柱材には軸力しか発生しないことになる．

例題 6.1　図 6.11 に示すように，等分布荷重が作用する静定門形ラーメンの応力を求めよ．

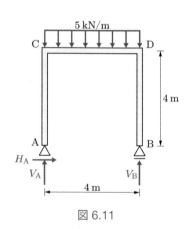

図 6.11

解 答

（1）反力計算

外力と反力の釣り合いを考えると，$V_A = V_B = 10\,\mathrm{kN}$ となる．

（2）応力図

5.3.2 項で説明したように，鉛直荷重のみを受ける静定門形ラーメンの梁材は，単純梁として応力計算ができ，柱材には軸力しか発生しない．この関係を用いると，梁

材は分布荷重と両端に 10 kN の上向きの支点反力が作用する単純梁と考えることができる．また，柱材には軸力のみが作用する．したがって，応力図は図 6.12 のようになる．

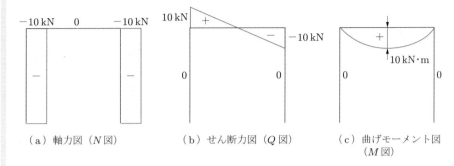

（a）軸力図（N図） （b）せん断力図（Q図） （c）曲げモーメント図（M図）

図 6.12 等分布荷重が作用する静定門形ラーメンの応力図

6.2 ▶ 水平荷重とモーメントが作用する静定門形ラーメン

■6.2.1 釣り合い式による応力計算

図 6.13 に示す点 C に水平方向の集中荷重が作用する静定門形ラーメンを考える．ここで，柱材の高さは h，梁材の長さは l とする．

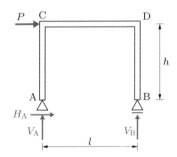

図 6.13 水平荷重が作用する静定門形ラーメン

（1）反力計算

▶ 水平方向の力の釣り合い：$H_A + P = 0$ 　　 $\therefore H_A = -P$ 　　　　　(6.19)

▶ 鉛直方向の力の釣り合い：$V_A + V_B = 0$ 　　　　　　　　　　　　(6.20)

▶ モーメントの釣り合い（支点 A 基準）：

$$Ph - V_B l = 0 \qquad \therefore V_B = \frac{Ph}{l} \qquad\qquad (6.21)$$

$$\therefore V_A = -\frac{Ph}{l} \tag{6.22}$$

(2) 応力計算

<柱材 AC> 図 6.14 に示すように，支点 A から上向きに y 座標をとり，切断面の下側の自由体の釣り合いを考える.

▶ 水平方向の力の釣り合い：$H_A + Q_y = 0$ $\quad \therefore Q_y = P$ $\tag{6.23}$

▶ 鉛直方向の力の釣り合い：$V_A + N_y = 0$ $\quad \therefore N_y = \frac{Pa}{l}$ $\tag{6.24}$

▶ モーメントの釣り合い（切断面基準）：

$$-H_A y - M_y = 0 \quad \therefore M_y = Py \tag{6.25}$$

$$\begin{cases} y = 0 & \to & M_y = 0 \\ y = h & \to & M_y = -Ph \end{cases} \tag{6.26}$$

<梁材 CD> 図 6.15 に示すように，あらためて節点 C から右向きに x 座標をとり，切断面の左側の自由体の釣り合いを考える.

▶ 水平方向の力の釣り合い：$H_A + P + N_x = 0$ $\quad \therefore N_x = 0$ $\tag{6.27}$

▶ 鉛直方向の力の釣り合い：$V_A - Q_x = 0$ $\quad \therefore Q_x = -\frac{Ph}{l}$ $\tag{6.28}$

▶ モーメントの釣り合い（切断面基準）：

$$V_A x - H_A h - M_x = 0 \quad \to \quad M_x = Ph\left(1 - \frac{x}{l}\right) \tag{6.29}$$

$$\begin{cases} x = 0 & \to & M_x = Ph \\ x = l & \to & M_x = 0 \end{cases} \tag{6.30}$$

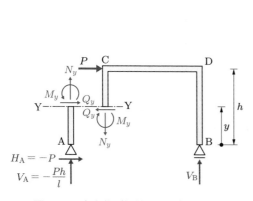

図 6.14 自由体（柱材 AC 間）の力の釣り合い

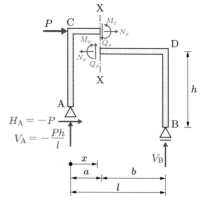

図 6.15 自由体（梁材 CD 間）の力の釣り合い

＜柱材 BD＞ 図 6.16 に示すように，あらためて支点 B から上向きに y 座標をとり，切断面の下側の自由体を考える．

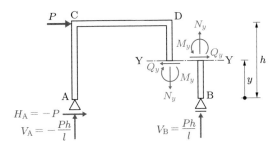

図 6.16 自由体（柱材 BD 間）の力の釣り合い

▶ 水平方向の力の釣り合い：$Q_y = 0$ (6.31)

▶ 鉛直方向の力の釣り合い：$V_B + N_y = 0$　∴ $N_y = -\dfrac{Ph}{l}$ (6.32)

▶ モーメントの釣り合い（切断面基準）：$M_y = 0$ (6.33)

▏(3) 応力図

応力図は図 6.17 のようになる．

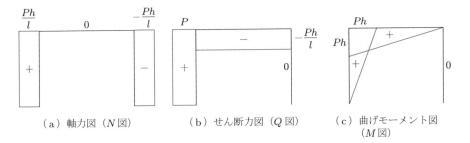

（a）軸力図（N 図）　（b）せん断力図（Q 図）　（c）曲げモーメント図（M 図）

図 6.17 水平荷重が作用する静定門形ラーメンの応力図

■6.2.2 分離解法による応力計算

6.2.1 項と同じ問題を分離解法で解いてみよう．図 6.18 に示すように，二つの柱材の上端位置でラーメンを分離して問題を解く．支点 A と支点 B の反力は前項で計算した結果と同じになるので，この値を用いる．

▏(1) 応力計算

＜柱材 AC＞ 柱材 AC を片持ち梁と考え，柱材上端位置（点 C）の固定端反力（H_C^*, V_C^*, M_C^*）を計算する．なお，水平荷重 P は分離する位置である節点 C に作用している．したがって，梁材の左端に作用すると考えるか，柱材の上端に作用すると考え

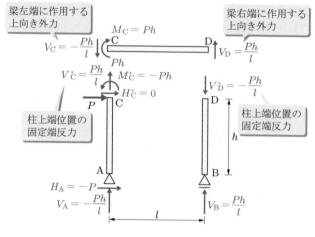

図 6.18　分離解法の考え方

るかを選ぶ必要がある．本計算では，水平荷重 P は柱材 AC の上端位置に作用していると考える．

▶ 水平方向の力の釣り合い：$H_\mathrm{A} + P + H_\mathrm{C}^* = 0$　　$\therefore H_\mathrm{C}^* = 0$　　　　　　　　(6.34)

▶ 鉛直方向の力の釣り合い：

$$V_\mathrm{C}^* + V_\mathrm{A} = 0 \qquad \therefore V_\mathrm{C}^* = \frac{Ph}{l} \quad (\text{上向き}) \tag{6.35}$$

▶ モーメントの釣り合い（点 C 基準）：

$$-H_\mathrm{A} \cdot h + M_\mathrm{C}^* = 0 \qquad \therefore M_\mathrm{C}^* = -Ph \quad (\text{反時計まわり}) \tag{6.36}$$

以上の固定端反力と外力（ここでは，支点 A の反力）から柱材 AC の応力を計算する．
＜柱材 BD＞　柱材 BD についても上端位置（点 D）で支持された片持ち梁と考え，点 D の固定端反力（V_D^*）を計算する．柱材 BD は下端がローラー支点なので軸力のみが作用する．したがって，上端位置（点 D）には，鉛直方向の固定端反力のみが生じる．

▶ 鉛直方向の力の釣り合い：

$$V_\mathrm{D}^* + V_\mathrm{B} = 0 \qquad \therefore V_\mathrm{D}^* = -\frac{Pa}{l} \quad (\text{下向き}) \tag{6.37}$$

この固定端反力と外力（ここでは支点 B の反力）から柱材 BD の応力を計算する．
＜梁材 CD＞　図 6.19 に示すように，点 C から右向きに x 座標をとり，切断面の左側の自由体の釣り合いを計算する．梁材の左端には，柱材上端の固定端反力の反対向きの力が外力として作用していることに注意する．

▶ 水平方向の力の釣り合い：$N_x = 0$　　　　　　　　　　　　　　　　　　　(6.38)

▶ 鉛直方向の力の釣り合い：$-\dfrac{Ph}{l} - Q_x = 0$　　$\therefore Q_x = -\dfrac{Ph}{l}$　　　　(6.39)

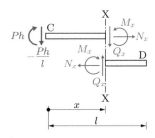

図 6.19 自由体（梁材 CD 間）の力の釣り合い

▶ モーメントの釣り合い（切断面基準）：

$$Ph - \frac{Ph}{l}x - M_x = 0 \qquad \therefore M_x = Ph\left(1 - \frac{x}{l}\right) \tag{6.40}$$

$$\begin{cases} x = 0 & \rightarrow \quad M_x = Ph \\ x = l & \rightarrow \quad M_x = 0 \end{cases} \tag{6.41}$$

（2）応力図

応力図は，図 6.17 と同じになる．

なお，図 6.20 に示すように，節点に外力が作用しない場合，ラーメン構造の剛接合された節点位置ではつぎの関係が成立する．この関係は計算した応力図を確認するうえでたいへん役に立つ．

| 柱上端の軸力 | ＝ | 梁端のせん断力 |

| 柱上端のせん断力 | ＝ | 梁端の軸力 |

| 柱上端の曲げモーメント | ＝ | 梁端の曲げモーメント |

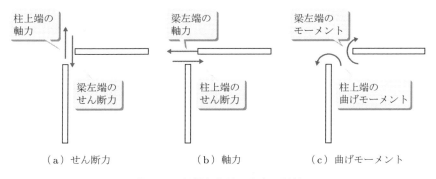

（a）せん断力 （b）軸力 （c）曲げモーメント

図 6.20 梁材と柱材の応力の関係

例題6.2 図6.21に示すように，等分布荷重が作用する静定門形ラーメンの応力を求めよ．

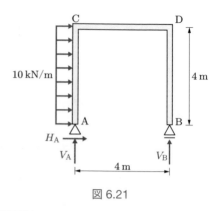

図6.21

解 答

（1）反力計算

等分布荷重は集中荷重（$10 \times 4 = 40\,\mathrm{kN}$）に置換する．集中荷重の作用点はACの中点である高さ $2\,\mathrm{m}$ の位置になることに注意して支点反力を計算する．

▶ 水平方向の力の釣り合い：$40 + H_\mathrm{A} = 0$　　　$\therefore H_\mathrm{A} = -40\,\mathrm{kN}$

▶ 鉛直方向の力の釣り合い：$V_\mathrm{A} + V_\mathrm{B} = 0$

▶ モーメントの釣り合い（点A基準）：$40 \times 2 - V_\mathrm{B} \times 4 = 0$　　　$\therefore V_\mathrm{B} = 20\,\mathrm{kN}$

$$\therefore V_\mathrm{A} = -20\,\mathrm{kN}$$

（2）応力計算

<柱材AC> 図6.22に示すように，支点Aから上向きに y 座標をとり，切断面の下側の自由体を考える．x の位置の分布荷重はその中点に作用する集中荷重（$10y\,\mathrm{kN}$）に置換する．

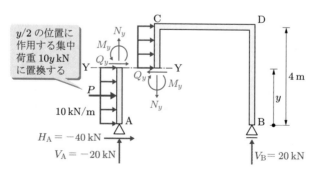

図6.22 自由体（柱材AC間）の力の釣り合い

▶ 水平方向の力の釣り合い：$H_A + 10y + Q_y = 0$ ∴ $Q_y = 40 - 10y\,\text{kN}$

$$\begin{cases} y = 0\,\text{m} & \to & M_y = 40\,\text{kN} \\ y = 4\,\text{m} & \to & M_y = 0\,\text{kN} \end{cases}$$

▶ 鉛直方向の力の釣り合い：$V_A + N_y = 0$ ∴ $N_y = 20\,\text{kN}$

▶ モーメントの釣り合い（切断面基準）：

$$-H_A y - 10y\frac{y}{2} - M_y = 0$$

$$\therefore M_y = 40y - 5y^2\,\text{kN·m} = -5(y-4)^2 + 80\,\text{kN·m}$$

$$\begin{cases} y = 0\,\text{m} & \to & M_y = 0\,\text{kN·m} \\ y = 4\,\text{m} & \to & M_y = 80\,\text{kN·m} \end{cases}$$

<梁材 CD> 図 6.23 に示すように，あらためて点 C から右向きに x 座標をとり，左側の自由体を考える．分布荷重は高さ 2 m の位置に作用する集中荷重に置換する．

▶ 水平方向の力の釣り合い：$H_A + 40 + N_x = 0$ ∴ $N_x = 0$

▶ 鉛直方向の力の釣り合い：$V_A + Q_x = 0$ ∴ $Q_x = -20\,\text{kN}$

▶ モーメントの釣り合い（切断面基準）：

$$V_A x - H_A \times 4 - 40 \times 2 - M_x = 0 \qquad \therefore M_x = 80 - 20x\,\text{kN·m}$$

$$\begin{cases} x = 0\,\text{m} & \to & M_x = 80\,\text{kN·m} \\ x = 4\,\text{m} & \to & M_x = 0\,\text{kN·m} \end{cases}$$

<柱材 DB の応力> 支点 B には鉛直方向の反力しか生じていない．したがって，

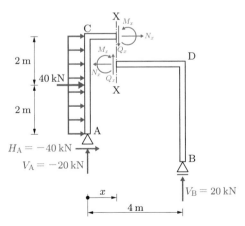

図 6.23 自由体（梁材 CD 間）の力の釣り合い

−20 kN の軸力が作用する．それ以外の応力は生じない．

（3）応力図

応力図は図 6.24 のようになる．

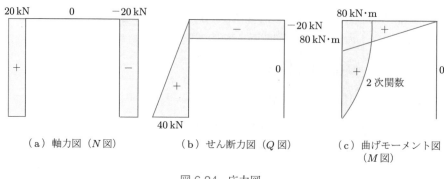

（a）軸力図（N 図）　（b）せん断力図（Q 図）　（c）曲げモーメント図（M 図）

図 6.24　応力図

【分離解法による応力計算】

分離解法では，図 6.25 に示すように，二つの柱の上端位置でラーメンを分離して問題を解く．支点反力の計算は省略する．

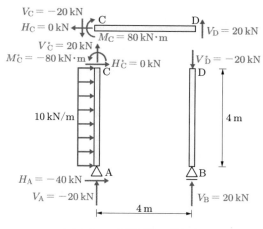

図 6.25　分離解法の考え方

（1）応力計算

＜柱材 AC＞　柱材 AC を片持ち梁と考え，柱材上端位置（点 C）の固定端反力 H_C^*，V_C^*，M_C^* を計算する．分布荷重は高さ 2 m の位置に作用する集中荷重に置換する．

▶ 水平方向の力の釣り合い：$H_A + 40 + H_C^* = 0$　　∴ $H_C^* = 0$

▶ 鉛直方向の力の釣り合い：$V_A + V_C^* = 0$　　　∴ $V_C^* = 20\,\mathrm{kN}$　（上向き）
▶ モーメントの釣り合い（点 C 基準）：

$$40 \times 4 - 40 \times 2 + M_C^* = 0 \qquad \therefore M_C^* = -80\,\mathrm{kN \cdot m} \quad （反時計まわり）$$

＜柱材 BD＞　同様に，柱材上端位置（点 D）の固定端反力を計算する．柱材 BD に関しては下端がローラー支点なので，軸力のみが作用する．したがって，固定端反力も鉛直方向のみ発生する．この固定端反力（$V_D^* = -20\,\mathrm{kN}$：下向き）と外力（ここでは，支点 B の反力）から柱材 BD の応力を計算する．

＜梁材 CD＞　図 6.26 に示すように，あらためて点 C から右向きに x 座標をとり，切断面の左側の自由体を考える．

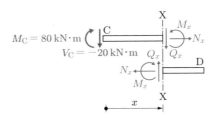

図 6.26　自由体（梁材 CD 間）の力の釣り合い

▶ 水平方向の力の釣り合い：$N_x = 0$
▶ 鉛直方向の力の釣り合い：$V_A + Q_x = 0$　　　∴ $Q_x = -20\,\mathrm{kN}$
▶ モーメントの釣り合い（切断面基準）：

$$V_A x - H_A \times 4 - 40 \times 2 - M_x = 0 \qquad \therefore M_x = 80 - 20x\,\mathrm{kN \cdot m}$$

$$\begin{cases} x = 0\,\mathrm{m} & \rightarrow \quad M_x = 80\,\mathrm{kN \cdot m} \\ x = 4\,\mathrm{m} & \rightarrow \quad M_x = 0\,\mathrm{kN \cdot m} \end{cases}$$

（2）応力図
応力図は図 6.24 と同じになる．

例題 6.3 図 6.27 に示すように，モーメント荷重が作用する静定門形ラーメンの応力を求めよ．

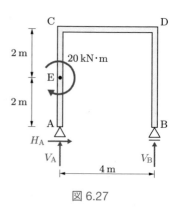

図 6.27

[解 答]

（1）支点反力

▶ 水平方向の力の釣り合い：$H_A = 0$

▶ 鉛直方向の力の釣り合い：$V_A + V_B = 0$

▶ モーメントの釣り合い（点 A 基準）：$20 - V_B \times 4 = 0$　　　∴ $V_B = 5\,\mathrm{kN}$

$$\therefore V_A = -5\,\mathrm{kN}$$

（2）応力計算

＜柱材 AC＞　外力の作用位置をふまえて，AE 間（$0\,\mathrm{m} \leqq x \leqq 2\,\mathrm{m}$），EC 間（$2\,\mathrm{m} \leqq x \leqq 4\,\mathrm{m}$）に場合分けして検討する．点 A から上向きに y 座標をとり，切断面の下側の自由体を考える．

● $0\,\mathrm{m} \leqq y \leqq 2\,\mathrm{m}$ の場合（図 6.28）

▶ 水平方向の力の釣り合い：$H_A + Q_y = 0$　　　∴ $Q_y = 0$

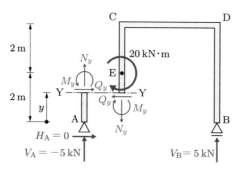

図 6.28　自由体（AE 間）の力の釣り合い

▶ 鉛直方向の力の釣り合い：$V_A + N_y = 0$　　∴ $N_y = 5\,\mathrm{kN}$

▶ モーメントの釣り合い（切断面基準）：$-H_A y - M_y = 0$　　∴ $M_y = 0$

● $2\,\mathrm{m} \leqq y \leqq 4\,\mathrm{m}$ の場合（図 6.29）

▶ 水平方向の力の釣り合い：$H_A + Q_y = 0$　　∴ $Q_y = 0\,\mathrm{kN}$

▶ 鉛直方向の釣り合い：$V_A + N_y = 0$　　∴ $N_y = 5\,\mathrm{kN}$

▶ モーメントの釣り合い（切断面基準）：

$$-H_A y + 20 - M_y = 0 \qquad \therefore M_y = 20\,\mathrm{kN \cdot m}$$

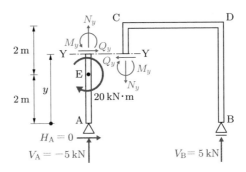

図 6.29　自由体（EC 間）の力の釣り合い

<梁材 CD>　点 C から右向きに x 座標をとり，切断面から左側の自由体を考える（図 6.30）.

▶ 水平方向の力の釣り合い：$H_A + N_x = 0$　　∴ $N_x = 0$

▶ 鉛直方向の力の釣り合い：$V_A - Q_x = 0$　　∴ $Q_x = -5\,\mathrm{kN}$

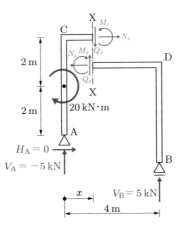

図 6.30　自由体（梁材 CD 間）の力の釣り合い

▶ モーメントの釣り合い（切断面基準）：

$$-H_A \times 4 + V_A x + 20 - M_x = 0 \qquad \therefore M_x = 20 - 5x \,\text{kN·m}$$

$$\begin{cases} x = 0\,\text{m} & \rightarrow & M_x = 20\,\text{kN·m} \\ x = 4\,\text{m} & \rightarrow & M_x = 0\,\text{kN·m} \end{cases}$$

＜柱材 BD＞ 支点 B はローラー支点であるため，柱材 BD には軸力のみが作用する．

（3）応力図

応力図は図 6.31 のようになる．

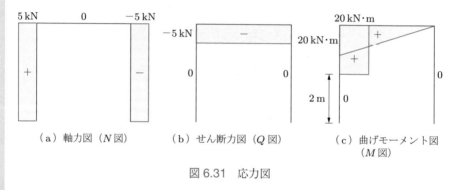

(a) 軸力図（N 図）　　（b) せん断力図（Q 図）　　(c) 曲げモーメント図（M 図）

図 6.31 応力図

6.3 ▶ ヒンジ付静定門形ラーメン

ヒンジ付静定門形ラーメンとは，部材の中にヒンジが存在する静定門形ラーメン構造をいう．これまで説明してきた静定門形ラーメンでは，二つの柱材はピン支点とローラー支点によって支持されていた．ヒンジが存在する門形ラーメンをピン支点とローラー支点によって支持すると，このラーメンは外力を支えることができず，第 8 章で説明する「不安定構造」となる．このため，二つの柱材の柱脚ともピン支点とする必要がある．

図 6.32 に示す鉛直荷重が作用するヒンジ付静定門形ラーメンを考える．

（1）支点反力

鉛直方向荷重を受けるヒンジのない静定門形ラーメンでは，二つの支点には水平方向の反力は発生しなかった．ヒンジ付静定門形ラーメンでは，二つの支点ともピン支点であり，水平方向の支点反力が発生する．

▶ 水平方向の力の釣り合い：$H_A + H_B = 0$ 　　　　　　　　　　　　　　　　(6.42)

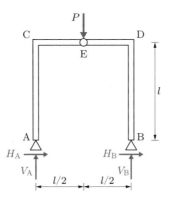

図 6.32 鉛直荷重が作用するヒンジ付静定門形ラーメン

▶ 鉛直方向の力の釣り合い：$V_A - P + V_B = 0$ (6.43)

▶ モーメントの釣り合い（点 E 基準）：$V_A \dfrac{l}{2} - H_A l = 0$ (6.44)

$$\therefore V_A = V_B = \frac{P}{2}, \qquad H_A = \frac{P}{4}, \qquad H_B = -\frac{P}{4}$$ (6.45)

(2) 応力計算

＜柱材 AC＞ 図 6.33 に示すように，支点 A から上向きに y 座標をとり，切断面の下側の自由体の釣り合いを考える．

▶ 水平方向の力の釣り合い：$H_A + Q_y = 0 \qquad \therefore Q_y = -\dfrac{P}{4}$ (6.46)

▶ 鉛直方向の力の釣り合い：$V_A + N_y = 0 \qquad \therefore N_y = -\dfrac{P}{2}$ (6.47)

▶ モーメントの釣り合い（切断面基準）：

$$-H_A y - M_y = 0 \qquad \therefore M_y = -P\frac{y}{4}$$ (6.48)

$$\begin{cases} y = 0 & \to \quad M_y = 0 \\ y = l & \to \quad M_y = -\dfrac{Pl}{4} \end{cases}$$ (6.49)

＜梁材 CE＞ 図 6.34 に示すように，点 C から右向きに x 座標をとり，左側の自由体を考える．ここでは，$0\,\mathrm{m} \leqq x \leqq 2\,\mathrm{m}$ の範囲の釣り合いを求める．

▶ 水平方向の釣り合い：$H_A + N_x = 0 \qquad \therefore N_x = -\dfrac{P}{4}$ (6.50)

▶ 鉛直方向の釣り合い：$V_A - Q_x = 0 \qquad \therefore Q_x = \dfrac{P}{2}$ (6.51)

▶ モーメントの釣り合い（切断面基準）：

$$V_A x - H_A l - M_x = 0 \qquad \therefore M_x = \frac{P}{2}x - \frac{Pl}{4}$$ (6.52)

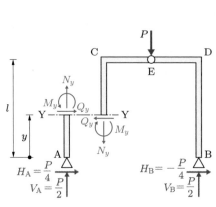

図 6.33　自由体（柱材 AC 間）の力の
釣り合い

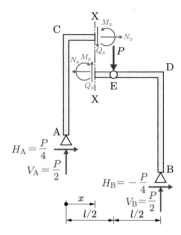

図 6.34　自由体（梁材 CE 間）の力の
釣り合い

$$\begin{cases} x = 0 & \rightarrow \quad M_x = \dfrac{Pl}{4} \\ x = \dfrac{l}{2} & \rightarrow \quad M_x = 0 \end{cases}$$

以上でヒンジより左側の応力が計算できた．ヒンジより右側の区間 ED に関しては，
点 D から左向きに x 座標をとって計算すればよい．なお，この問題はヒンジを中心に
左右対称となっている．このため，各応力図はヒンジの左右で対称となる．たとえば，
Q 図に関しては，ヒンジの左右で「絶対値は等しく，符号は反転」した値となる.

（3）応力図

応力図は図 6.35 のようになる.

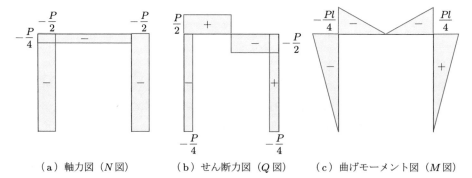

（a）軸力図（N図）　　（b）せん断力図（Q図）　　（c）曲げモーメント図（M図）

図 6.35　鉛直荷重が作用するヒンジ付静定門形ラーメンの応力図

例題 6.4　図 6.36 に示すように，水平荷重が作用するヒンジ付静定門形ラーメンの応力を求めよ．

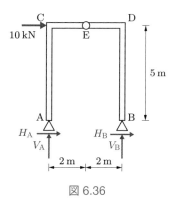

図 6.36

解答

（1）支点反力

▶ 水平方向の力の釣り合い：$H_A + H_B + 10 = 0$

▶ 鉛直方向の力の釣り合い：$V_A + V_B = 0$

▶ モーメントの釣り合い（点 E 基準）：

$$V_A \times 2 - H_A \times 5 = 0, \qquad -H_B \times 5 - V_B \times 2 = 0$$

$$\therefore H_A = H_B = -5\,\mathrm{kN}, \qquad V_A = -12.5\,\mathrm{kN}, \qquad V_B = 12.5\,\mathrm{kN}$$

（2）応力計算

＜柱材 AC＞　図 6.37 に示すように，点 A から上向きに y 座標をとり，切断面から下側の自由体を考える．

▶ 水平方向の力の釣り合い：$H_A + Q_y = 0$　　　$\therefore Q_y = 5\,\mathrm{kN}$

▶ 鉛直方向の力の釣り合い：$V_A + N_y = 0$　　　$\therefore N_y = 12.5\,\mathrm{kN}$

▶ モーメントの釣り合い（切断面基準）：$-H_A y - M_y = 0$　　　$\therefore M_y = 5y\,\mathrm{kN \cdot m}$

$$\begin{cases} y = 0\,\mathrm{m} & \rightarrow \quad M_y = 0\,\mathrm{kN \cdot m} \\ y = 5\,\mathrm{m} & \rightarrow \quad M_y = 25\,\mathrm{kN \cdot m} \end{cases}$$

＜梁材 CD＞　図 6.38 に示すように，点 C から右向きに x 座標をとり，切断面から左側の自由体を考える．

▶ 水平方向の力の釣り合い：$H_A + 10 + N_x = 0$　　　$\therefore N_x = -5\,\mathrm{kN}$

▶ 鉛直方向の力の釣り合い：$V_A - Q_x = 0$　　　$\therefore Q_x = -12.5\,\mathrm{kN}$

▶ モーメントの釣り合い（切断面基準）：

$$V_A x - H_A \times 5 - M_x = 0 \qquad \therefore M_x = -12.5x + 25\,\mathrm{kN \cdot m}$$

$$\begin{cases} x = 0\,\mathrm{m} & \rightarrow \quad M_x = 25\,\mathrm{kN\cdot m} \\ x = 4\,\mathrm{m} & \rightarrow \quad M_x = -25\,\mathrm{kN\cdot m} \end{cases}$$

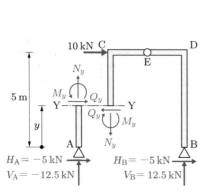

図 6.37 自由体（柱材 AC 間）の力の
釣り合い

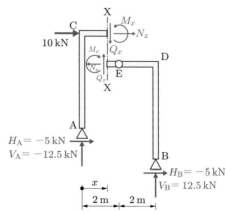

図 6.38 自由体（梁材 CD 間）の力の
釣り合い

＜柱材 BD＞ 計算は省略するが，柱材 AC に対して，柱部材 BD の軸力は反対方向，せん断力とモーメントは同じ値となる．

（3）応力図

応力図は図 6.39 のようになる．

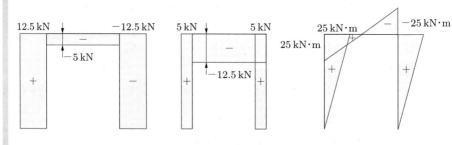

（a）軸力図（N図）　（b）せん断力図（Q図）　（c）曲げモーメント図（M図）

図 6.39 応力図

演習問題 ▶

つぎに示すさまざまな荷重が作用する構造物の反力と応力を求めよ.

6.1

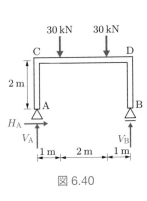

図 6.40

6.2

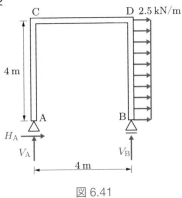

図 6.41

6.3

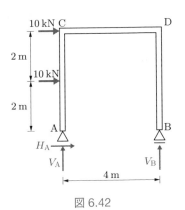

図 6.42

6.4

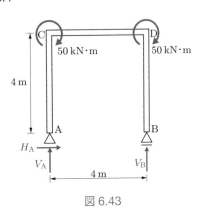

図 6.43

6.5

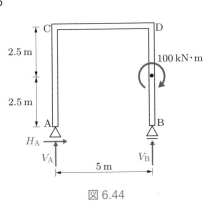

図 6.44

6.6

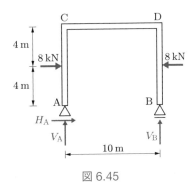

図 6.45

6.7

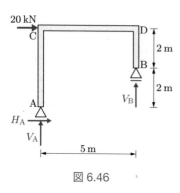

図 6.46

6.8

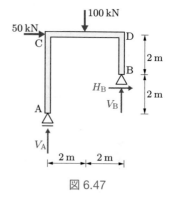

図 6.47

6.9

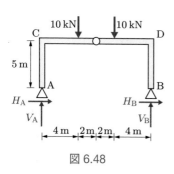

図 6.48

6.10

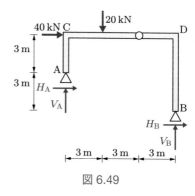

図 6.49

第7章

トラス構造

部材どうしがピンで結合された構造を**トラス構造**（truss structure）という．トラス構造を構成する各部材は**トラス部材**という．各トラス部材を結合する節点はピンとなっており，モーメントは伝わらない．このため，7.1 節末「トラス構造の部材には軸力しか発生しない」で説明するように，トラス部材には基本的に軸力しか発生しない．本章では，トラス構造の部材応力を計算する代表的な方法である節点法と分離法について説明する．

7.1 ▶ トラス構造の基本

トラス構造には鉄骨や木材が用いられることが多く，強度が高いことから，大空間が必要とされる体育館や工場の屋根などの構造形式として採用される場合が多い．代

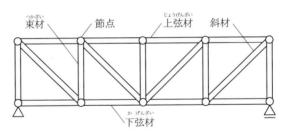

（a）平行弦トラス構造

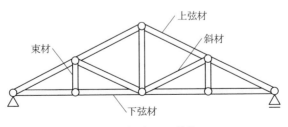

（b）屋根形トラス構造

図 7.1　トラス構造

表的なトラス構造としては，図 7.1(a) に示す平行弦トラス構造や，図(b) に示す屋根形トラス構造がある．トラス構造を構成する各部材は使われる場所により異なる名称でよばれる．水平方向の部材は**弦材**（code member），鉛直方向の部材は**束材**（strutt），斜め方向の部材は**斜材**（diagonal member）とよぶ．上側にある弦材は「上弦材」，下側にある弦材は「下弦材」とよんで区別する．なお，トラス構造を図示する場合，部材は一本線で，ピンは省略して描くことが多い．

■トラス構造の部材には軸力しか発生しない

図 7.2 に示すトラス部材 AB の釣り合いを考える．トラス部材の両端はピン節点であるのでモーメントは作用しないため，トラス部材の両端に，軸力 N と軸力に直交する力 Q が作用すると考える．部材の途中に荷重が作用しない場合には，水平方向と鉛直方向について，以下の釣り合い条件が得られる．

$$N_A = N_B \tag{7.1}$$

$$Q_A = Q_B \tag{7.2}$$

節点 A はピンであるから，点 A まわりのモーメントを計算すると 0 となるので，

$$Q_B \times l = 0 \tag{7.3}$$

結局，式(7.2)は以下のようになる．

$$Q_A = Q_B = 0 \tag{7.4}$$

以上から，トラス部材は軸力しか伝達しないことがわかる．

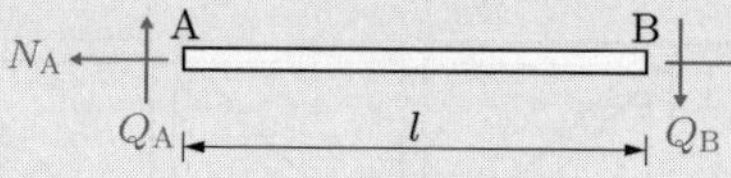

図 7.2　トラス部材の釣り合い

7.2 ▶　節点法

図 7.3 に示すように，トラスの一つの部材を取り出して考える．この部材に引張り軸力 N が作用するとき，作用反作用の法則から，部材から節点 A に作用する力は右向きに N となり，節点 B に作用する力は左向きに N となる．

これはゴムひもの両端を両手で持って引張るとき，両手にはそれぞれ内向きの力が作用することをイメージするとわかりやすい．したがって，部材に引張力が作用するとき，両側の節点に作用する力は部材のある方向に向かって内向きに生じる．また，この力は，大きさは同じで，方向は反対となる．**節点法**ではこの関係を利用し，各節点

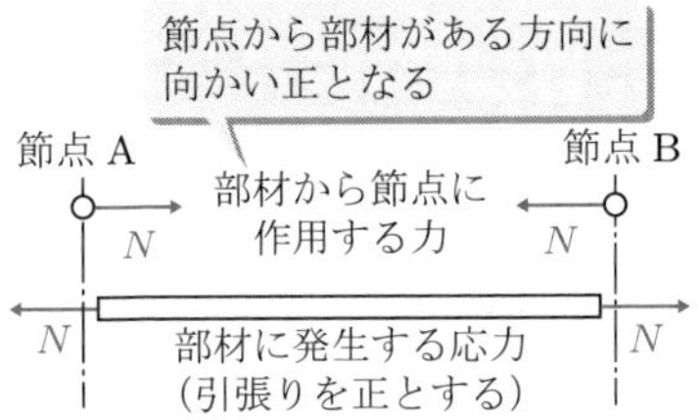

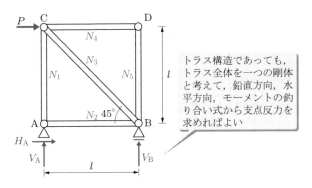

図 7.3　部材に発生する応力と節点への作用力

において部材の存在する方向に軸力による作用力を仮定し，水平方向および鉛直方向の力の釣り合いを計算することで応力を求める．

　図 7.4 に示すもっとも単純なトラスを対象に，節点法でトラス応力を計算してみよう．ここで，各トラス部材に作用する応力を $N_1 \sim N_5$ とする．

図 7.4　水平荷重が作用するトラス

（1）支点反力

　単純梁などと同じように，トラス構造でも構造物全体の力の釣り合いから支点反力を求めればよい．「トラスの各部材を伝わる力の流れを考え，外力がどのトラス部材を伝わり支点反力と釣り合うか」などを考える必要はない．

▶ 水平方向の力の釣り合い：$H_A + P = 0$　　$\therefore H_A = -P$　　　　　　　(7.5)

▶ 鉛直方向の力の釣り合い：$V_A + V_B = 0$　　　　　　　　　　　　　　(7.6)

▶ モーメントの釣り合い（支点 A 基準）：$Pl - V_B l = 0$　　$\therefore V_B = P$　　(7.7)

　　　　$\therefore V_A = -P$　　　　　　　　　　　　　　　　　　　　(7.8)

（2）応力計算

　節点法では，節点ごとに水平方向と鉛直方向の釣り合い方程式を立て応力を計算する．以下では，節点 A → 節点 B → 節点 C の順に応力を計算してみよう．

＜節点 A＞　節点 A には，部材 AC の軸力 N_1 と部材 AB の軸力 N_2 が作用している．

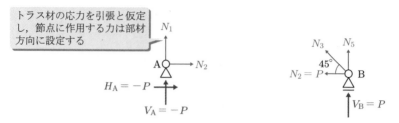

図7.5 節点 A の力の釣り合い　　　　図7.6 節点 B の力の釣り合い

この軸力を引張り（正方向）と仮定し，部材の存在する方向に設定すると，節点 A の釣り合いは図7.5のようになり，図の水平方向，鉛直方向の力の釣り合いを計算する.

▶ 水平方向の力の釣り合い：$N_2 + H_A = 0$　　　$\therefore N_2 = P$　　　　　　　　(7.9)

▶ 鉛直方向の力の釣り合い：$N_1 + V_A = 0$　　　$\therefore N_1 = P$　　　　　　　　(7.10)

＜節点 B＞　節点 A と同じように各部材の軸力を引張りと仮定し，図7.6に示すように，水平方向，鉛直方向の釣り合いを計算する．ここで，部材 AB の軸力 N_2 は引張力 P であることが計算済みなので，節点 B では左向き方向に P を作用させる.

▶ 水平方向の力の釣り合い：

$$-N_2 - N_3 \cos 45° = 0 \qquad \therefore N_3 = -\frac{N_2}{\cos 45°} = -\sqrt{2}P \qquad (7.11)$$

▶ 鉛直方向の力の釣り合い：

$$P + N_3 \sin 45° + N_5 = 0 \qquad \therefore N_5 = -P - N_3 \sin 45° = 0 \qquad (7.12)$$

＜節点 C＞　部材 AC の軸力 N_1，部材 BC の軸力 N_3 は計算済みであり，図7.7に示すように，水平方向，鉛直方向の釣り合いを計算する.

▶ 水平方向の力の釣り合い：

$$P + N_3 \cos 45° + N_4 = 0 \qquad \therefore N_4 = -P - N_3 \cos 45° = 0 \qquad (7.13)$$

▶ 鉛直方向の力の釣り合い：$-N_1 - N_3 \sin 45° = 0$　　　　　　　　　　　(7.14)

式(7.10)，(7.11)から N_1 と N_3 は計算済みなので，上式の計算は不要である.

＜節点 D＞　式(7.13)，(7.12)から N_4 と N_5 は計算済みなので，節点 D の計算は不要である.

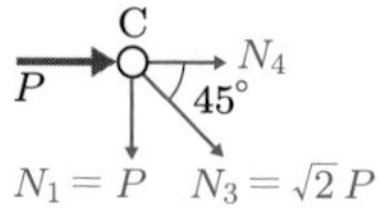

図 7.7　節点 C の力の釣り合い

(3) 応力図

応力図は図7.8のようになる. 応力の値は青字で示す. 図から, 今回の問題では上弦材 CD と束材 BD は力を受け持っておらず, この部材はなくてもかまわないことがわかる. このように, トラスでは, 応力を負担しない部材が存在する場合があることに注意しよう.

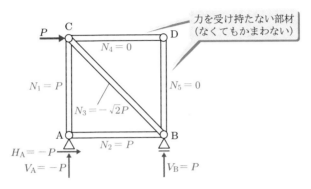

図 7.8　水平荷重が作用するトラスの応力図

なお, ここでは, 節点 A→B→C→D の順に計算したが, 節点 D→A→C の順に計算したほうが答えが求めやすい. これは, 点 D のように部材が2個しか存在しない節点では, 未知数は2個となるため, 鉛直方向と水平方向と力の釣り合いから, 直接トラス部材の応力を求めることができるからである. このような節点を先に選んで計算を進めるとよい.

例題7.1　図7.4と斜材の向きが異なる図7.9に示すようなトラスの応力を節点法で求めよ.

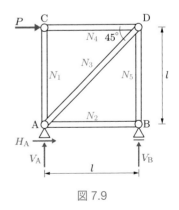

図 7.9

解答　本計算では二つの部材しか存在しない節点から始めることにし, 節点 C→B→D の順に計算する. なお, 支点反力の計算は図7.4と同じなので省略する.

（1）応力計算

<節点 C>（図 7.10）

▶ 水平方向の力の釣り合い：$P + N_4 = 0$ $\quad \therefore N_4 = -P$

▶ 鉛直方向の力の釣り合い：$-N_1 = 0$ $\quad \therefore N_1 = 0$

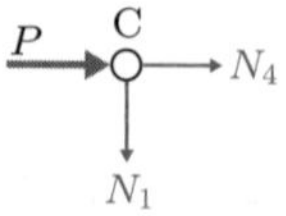

図 7.10 節点 C の力の釣り合い

<節点 B>（図 7.11）

▶ 水平方向の力の釣り合い：$-N_2 = 0$ $\quad \therefore N_2 = 0$

▶ 鉛直方向の力の釣り合い：$P + N_5 = 0$ $\quad \therefore N_5 = -P$

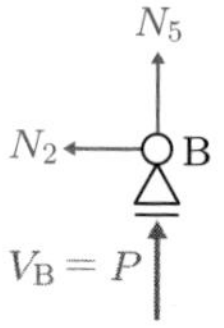

図 7.11 節点 B の力の釣り合い

<節点 D>（図 7.12）

▶ 水平方向の力の釣り合い：$-N_3 \cos 45° - N_4 = 0$ $\quad \therefore N_3 = -\dfrac{N_4}{\cos 45°} = \sqrt{2}P$

▶ 鉛直方向の力の釣り合い：$-N_3 \sin 45° - N_5 = 0$ $\quad \therefore N_3 = -\dfrac{N_5}{\sin 45°} = \sqrt{2}P$

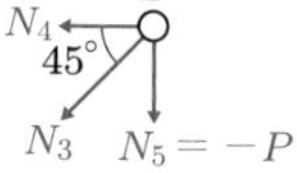

図 7.12 節点 D の力の釣り合い

（2）応力図

　応力図は図 7.13 のようになる．図からわかるように，この問題では，下弦材 AB と束材 AC は応力を受け持っていない．ただし，図 7.4 に示したトラス構造と異なり，これらの部材をなくすことはできない．たとえば，束材 AC を取り外すと，上弦材 CD は不安定（節点 D だけで支持されるので，自由に回転してしまう）となり，外力 P を支えられなくなる．同様に，下弦材 AB は束材 BD が不安定にならないよう，BD を支える役割を果たしている．

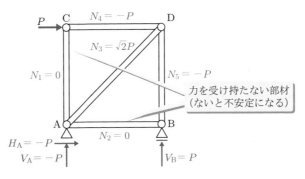

図 7.13　応力図

例題 7.2　図 7.14 に示すような平行弦トラスの応力を節点法で求めよ.

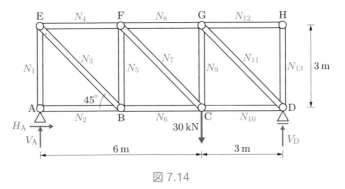

図 7.14

【解答】

（1）反力計算

トラス全体の外力と支点反力の釣り合いを考える.

▶ 鉛直方向の力の釣り合い：$V_A - 30 + V_D = 0$

▶ 水平方向の力の釣り合い：$H_A = 0$

▶ モーメントの釣り合い（支点 A 基準）：$30 \times 6 - V_D \times 9 = 0$　　$\therefore V_D = 20\,\text{kN}$

$$\therefore V_A = 10\,\text{kN}$$

（2）応力計算

2 部材しか存在しない節点に着目し，節点 A→H→ … の順に計算を進める.

<節点 A>　節点 A には上向き 10 kN の支点反力しか作用しないので以下を得る.

$$\therefore N_1 = -10\,\text{kN}, \qquad N_2 = 0\,\text{kN}$$

<節点 H> 節点 H には外力が作用しないので以下を得る.

$$\therefore N_{12} = N_{13} = 0\,\text{kN}$$

<節点 E> 図 7.15 に示すように，節点 E の三つの部材のうち N_1 は計算済みなので，この節点は解くことができる.

▶ 水平方向の力の釣り合い：$N_3 \cos 45° + N_4 = 0$ $\quad \therefore N_4 = -10\,\text{kN}$
▶ 鉛直方向の力の釣り合い：$-N_1 - N_3 \sin 45° = 0$ $\quad \therefore N_3 = 10\sqrt{2}\,\text{kN}$

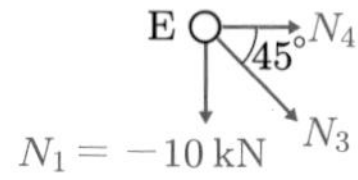

図 7.15 節点 E の力の釣り合い

<節点 B> 図 7.16 に示すように，節点 B の四つの部材のうち N_2 と N_3 は計算済みなので，この節点は解くことができる.

▶ 水平方向の力の釣り合い：$-N_2 - N_3 \cos 45° + N_6 = 0$ $\quad \therefore N_6 = 10\,\text{kN}$
▶ 鉛直方向の力の釣り合い：$N_3 \sin 45° + N_5 = 0$ $\quad \therefore N_5 = -10\,\text{kN}$

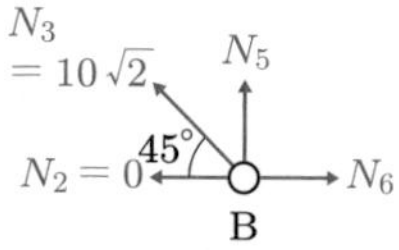

図 7.16 節点 B の力の釣り合い

<節点 F> 図 7.17 に示すように，節点 F の四つの部材のうち N_4 と N_5 は計算済みなので，この節点は解くことができる.

▶ 水平方向の力の釣り合い：$N_7 \cos 45° + N_8 + 10 = 0$
▶ 鉛直方向の力の釣り合い：$-N_5 - N_7 \sin 45° = 0$ $\quad \therefore N_7 = 10\sqrt{2}\,\text{kN}$

$$\therefore N_8 = -20\,\text{kN}$$

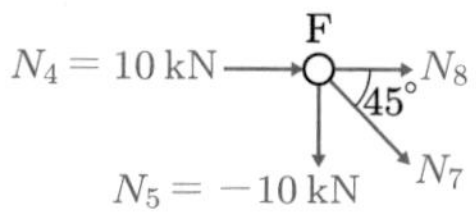

図 7.17 節点 F の力の釣り合い

<節点 D> 図 7.18 に示すように，節点 D の三つの部材のうち N_{13} は計算済みなので，この節点は解くことができる.

図 7.18　節点 D の力の釣り合い

▶ 水平方向の力の釣り合い：$-N_{10} - N_{11}\cos 45° = 0$

▶ 鉛直方向の力の釣り合い：$N_{11}\sin 45° + N_{13} + 20 = 0$　　　$\therefore N_{11} = -20\sqrt{2}\,\text{kN}$

$$\therefore N_{10} = 20\,\text{kN}$$

＜節点 G＞　図 7.19 に示すように，N_{11} は計算済みなので，この節点は解くことができる．

▶ 鉛直方向の力の釣り合い：$-N_9 - N_{11}\sin 45° = 0$　　　$\therefore N_9 = 20\,\text{kN}$

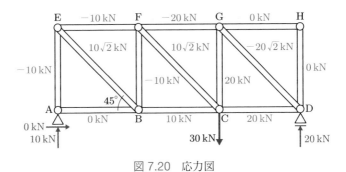

図 7.19　節点 G の力の釣り合い

（3）応力図

応力図は図 7.20 のようになる．

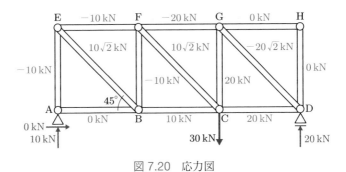

図 7.20　応力図

例題 7.3　図 7.21 に示すような屋根形トラスの応力を節点法で求めよ．ただし，支点 C はローラー支点，支点 D はピン支点とする．

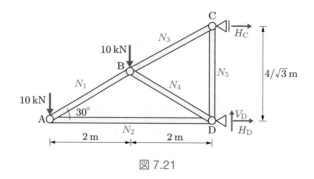

図 7.21

解答

(1) 反力計算

トラス全体の外力と支点反力の釣り合いを計算する.

▶ 水平方向の釣り合い：$H_C + H_D = 0$

▶ 鉛直方向の力の釣り合い：$V_D - 10 - 10 = 0$　　$\therefore V_D = 20\,\text{kN}$

▶ モーメントの釣り合い（点 D 基準）：

$$H_C \times \frac{4}{\sqrt{3}} - 10 \times 4 - 10 \times 2 = 0 \qquad \therefore H_C = 15\sqrt{3}\,\text{kN}$$

$$\therefore H_D = -15\sqrt{3}\,\text{kN}$$

(2) 応力計算

<節点 A>（図 7.22）

▶ 水平方向の力の釣り合い：$N_1 \cos 30° + N_2 = 0$

▶ 鉛直方向の力の釣り合い：$-10 + N_1 \sin 30° = 0$　　$\therefore N_1 = 20\,\text{kN}$

$$\therefore N_2 = -10\sqrt{3}\,\text{kN}$$

図 7.22　節点 A の力の釣り合い

<節点 C>（図 7.23）

▶ 水平方向の力の釣り合い：$15\sqrt{3} - N_3 \cos 30° = 0$　　$\therefore N_3 = 30\,\text{kN}$

▶ 鉛直方向の力の釣り合い：$-N_3 \sin 30° - N_5 = 0$　　$\therefore N_5 = -15\,\text{kN}$

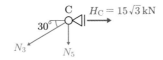

図 7.23 　節点 C の力の釣り合い

<節点 B>

▶ 水平方向の力の釣り合い：$-N_1 \cos 30° + N_3 \cos 30° + N_4 \cos 30° = 0$

$$\therefore N_4 = N_1 - N_3 = -10 \, \text{kN}$$

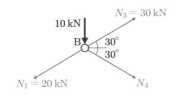

図 7.24 　節点 B の力の釣り合い

（3）応力図

応力図は図 7.25 のようになる.

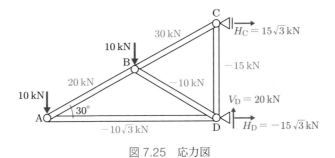

図 7.25 　応力図

7.3 ▶ 切断法

　切断法は，任意の位置でトラスを切断し，切断面を横切るトラス部材の応力を計算する方法である．この方法では，切断面で分割した片側の構造体について，部材応力，支点反力，外力の釣り合いを考える．なお，切断法では切断した位置の部材の応力のみが求められる．したがって，特定の部材の応力を求めたいときに，切断法はとくに有効である.

　例題 7.2 と同じ図 7.26 に示す平行弦トラスを対象に，切断法により部材 BC，部材

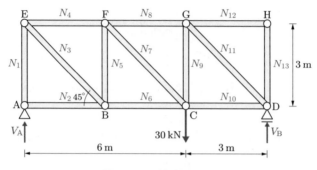

図 7.26　平行弦トラス

FC，部材 FG の応力 N_6，N_7，N_8 を求める方法を説明しよう．

(1) 反力計算

例題 7.2 と同じなので，支点反力は以下の値となる．

$$V_A = 10\,\text{kN}, \qquad V_D = 20\,\text{kN} \tag{7.15}$$

(2) 応力計算

図 7.27 に示すように切断面を設定する．このように，切断面で切った部材が 3 個以下であれば，鉛直，水平，モーメントの三つの釣り合い式から未知数（応力）を計算できる．

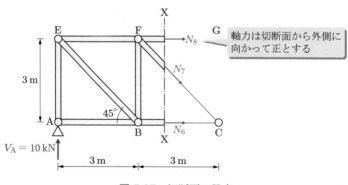

図 7.27　切断面の設定

<部材 BC（N_6）>　N_7 と N_8 の作用線は節点 F を通る．したがって，N_7 と N_8 による点 F まわりのモーメントは 0 となる．このため，切断面から左側の構造体について，節点 F まわりのモーメントの釣り合いを計算すると，N_6 は以下のように容易に求めることができる．このように，モーメントを計算するポイントをうまく設定すると，一つの方程式で容易に応力が計算できる．

$$V_A \times 3 - N_6 \times 3 = 0 \qquad \therefore N_6 = 10\,\text{kN} \tag{7.16}$$

<部材 CF（N_7）> 切断面から左側の構造体の鉛直方向の釣り合いを考える．支点反力は上向き 10 kN であり，これと N_7 の鉛直成分が釣り合うこととなる．

$$V_A - N_7 \sin 45° \qquad \therefore N_7 = 10\sqrt{2}\,\text{kN} \tag{7.17}$$

<部材 FG（N_8）> N_6 同様に，N_8 は点 C まわりのモーメントの釣り合いから求めることができる．

$$V_A \times 6 + N_8 \times 3 = 0 \qquad \therefore N_8 = -20\,\text{kN} \tag{7.18}$$

なお，以上に説明したような計算ポイントを工夫する方法を用いず，三つの応力の水平方向，鉛直方向およびモーメントの釣り合いを機械的に計算してもよい．その場合には，たとえば以下のような連立方程式を解くことになる．

▶ 水平方向の力の釣り合い：$N_6 + N_8 = 0$ (7.19)

▶ 鉛直方向の力の釣り合い：$V_A - N_7 \cos 45° = 0$ (7.20)

▶ モーメントの釣り合い（点 A 基準）：$N_7 \times 3\sqrt{2} + N_8 \times 3 = 0$ (7.21)

例題 7.4 図 7.26 に示した平行弦トラスの部材 CG の応力 N_9 を切断法で求めよ．

解答 図 7.28 に示すように切断面を設定し，切断面から左側の構造体の鉛直方向の釣り合いを考えると次式が得られる．

$$V_A - 30 + N_9 = 0 \qquad \therefore N_9 = 20\,\text{kN}$$

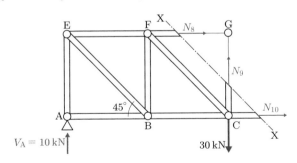

図 7.28 切断面の設定

例題 7.5 例題 7.3 と同じ図 7.29 の屋根形トラスを対象に，部材 AD，BC，BD の応力 N_2，N_3，N_4 を切断法で求めよ．

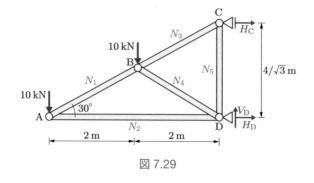

図 7.29

解答 図 7.30 に示すように切断面を設け，切断面より左側部分を考える．

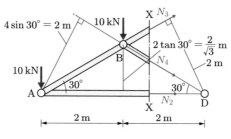

図 7.30　切断面の設定

（1）応力計算

<部材 AD（N_2）>　N_3 と N_4 の節点 B に関するモーメントは 0 となることに着目し，点 B まわりのモーメントの釣り合いを計算する．ここで，節点 B から N_2 の作用線までの距離は，点 B から部材 AB に降ろした垂線の長さ（$2\tan 30° = 2/\sqrt{3}\,\mathrm{m}$）で計算する．

$$-N_2\frac{2}{\sqrt{3}} - 10 \times 2 = 0 \qquad \therefore N_2 = -10\sqrt{3}\,\mathrm{kN}$$

<部材 BC（N_3）>　N_2 と N_4 の節点 D に関するモーメントは 0 となることに着目し，点 D まわりのモーメントの釣り合いを計算する．ここで，節点 D から N_3 の作用線までの距離は，点 D から部材 AB の延長線に降ろした垂線の長さ（$4\sin 30° = 2\,\mathrm{m}$）で計算する．

$$-10 \times 4 - 10 \times 2 + N_3 \times 2 = 0 \qquad \therefore N_3 = 30\,\mathrm{kN}$$

<部材 BD（N_4）>　N_2 と N_3 の節点 A に関するモーメントは 0 となることに着目し，点 A まわりのモーメントの釣り合いを計算する．ここで，節点 A から N_4 の作用

線までの距離は，点 A から部材 BD の延長線に降ろした垂線の長さ（$4\sin 30° = 2\,\mathrm{m}$）で計算する．

$$10 \times 2 + N_4 \times 2 = 0 \qquad \therefore N_4 = -10\,\mathrm{kN}$$

このように，切断法ではモーメントを計算する点を慎重に選ぶと，計算が簡単になることが多い．

演習問題 ▶

7.1 図 7.31 のトラスの応力 $N_1 \sim N_9$ を節点法により求めよ．

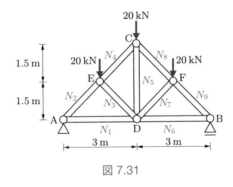

図 7.31

7.2 図 7.32 のトラスの応力 $N_1 \sim N_{13}$ を節点法により求めよ．

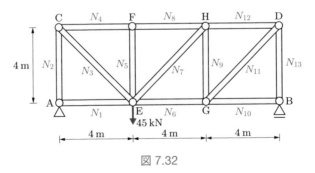

図 7.32

7.3 図 7.33 のトラスの応力 $N_1 \sim N_{13}$ を節点法により求めよ.

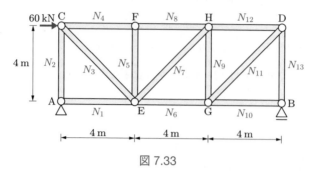

図 7.33

7.4 問題 7.3 の図 7.33 のトラスの応力 N_9 を切断法により求めよ.

7.5 図 7.34 のトラスの応力 $N_1 \sim N_{13}$ を節点法により求めよ.

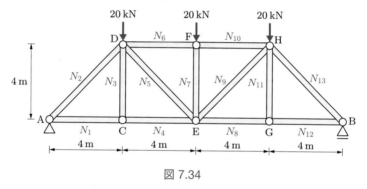

図 7.34

7.6 問題 7.5 の図 7.34 のトラスの応力 N_{10} を切断法により求めよ.

7.7 図 7.35 のトラスの応力 $N_1 \sim N_{13}$ を節点法により求めよ.

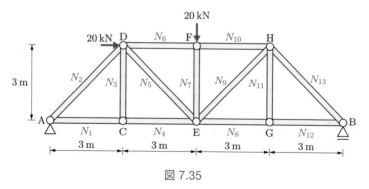

図 7.35

7.8 問題 7.7 の図 7.35 のトラスの応力 N_8 を切断法により求めよ.

7.9 図 7.36 のトラスの応力 N_6, N_7, N_8 を切断法により求めよ.

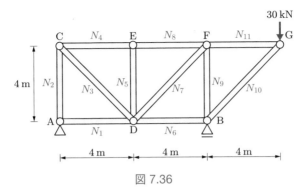

図 7.36

7.10 図 7.37 のトラスの応力 $N_1 \sim N_6$ を切断法により求めよ.

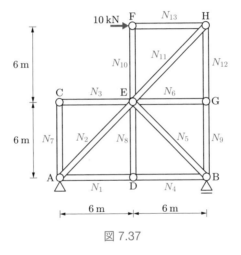

図 7.37

第8章
静定構造と不静定構造

　ここまで説明してきた構造では，力の釣り合い式から，応力や反力を求めることができた．このような構造物を静定構造という．しかし，実際の構造物では，釣り合い式だけからでは応力や反力を計算できない場合がある．このような構造物を不静定構造という．本章では，静定構造と不静定構造の意味と判別方法について説明する．

8.1 ▶ 静定構造と不静定構造

　図8.1に示すような二つの単純なトラスを例に考えてみよう．トラスAは，第7章ですでに応力を計算した構造である．トラスBは，トラスAに斜材ADを加えたトラス構造である（部材ADと部材CBは交差するが，繋がっておらず，両部材の間で力は伝達しない）．どちらも，節点数は4個あり，各節点について水平方向と鉛直方向の二つの力の釣り合い式を立てることができるので，方程式数は8個となる．一方，それぞれの未知数はつぎのとおり異なる．

　　トラスA（未知数 = 8）：五つの部材が存在するので，部材応力は5個存在する．
　　　　これにピンとローラーの支点反力数3を加えると，未知数は8となる．
　　トラスB（未知数 = 9）：六つの部材が存在するので，部材応力は6個存在する．
　　　　これにピンとローラーの支点反力数3を加えると，未知数は9となる．

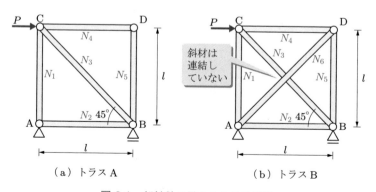

（a）トラスA　　　　　　　　　（b）トラスB

図 8.1　部材数の異なるトラス構造

したがって，トラスAでは方程式数と未知数の数が一致するので，力の釣り合いだけで応力を求めることができる．このような構造を**静定構造**（statically determind structure）とよぶ．一方，トラスBでは方程式数より未知数の数が一つ多く，力の釣り合いだけでは応力を計算できない．このような構造を**不静定構造**（statically undetermind structure）とよぶ．なお，不静定構造では，部材の変形を考慮することで応力を計算することが可能となる．これはII巻で学ぶ．

8.2 ▶ 判別式

静定構造か不静定構造かはつぎの**判別式**で判定できる．

$$N = m + r + p - 2k \tag{8.1}$$

ここで，N を**不静定次数**とよぶ．また，m は部材数，r は支点反力数，p は剛接数，k は節点数という．上式は8.1項で説明した「未知数」と「方程式数」の関係式を，より一般化したものである（誘導方法は8.3項参照）．式(8.1)で求めた N により，構造物は以下のように判別する．

$N = 0$ → 静定　方程式と未知数の数が同じとなり，力の釣り合い方程式だけで応力や反力を計算できる（静定構造）．

$N > 0$ → 不静定　方程式より未知数の数が多くなり，力の釣り合い方程式だけでは解が決まらない（不静定構造）．

$N < 0$ → 不安定　未知数より方程式の数が多くなり，解が求められない．したがって，荷重を支えることはできない（このような構造を「**不安定構造**（unstable structure）」という）．

なお，式(8.1)右辺の各数はそれぞれつぎのように求める．

m（部材数）：節点，支点，ヒンジが存在するごとに分けてカウントし，合計して求める．

r（支点反力数）：各支点の反力数を合計して求める．支点一つの反力数は以下の値となる．

　　　・ローラー支点　$r = 1$（鉛直方向）

　　　・ピン支点　　　$r = 2$（水平方向，鉛直方向）

　　　・固定端　　　　$r = 3$（水平方向，鉛直方向，モーメント）

p（剛接数）：各節点の剛接数を合計して求める．節点一つの剛接数は，部材間でモーメントが伝わる剛に連結された値とする．

剛接数について，図8.2に示す三つの部材A，B，Cからなる節点で具体的に説明し

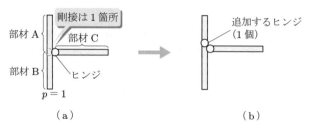

図 8.2 剛接数の計算方法 1

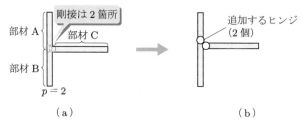

図 8.3 剛接数の計算方法 2

よう．図 8.2(a) では部材 A と B は剛に連結されており，部材 C はヒンジを介して部材 A と B に繋がっているとする．この節点では，部材 A と部材 B 間ではモーメントが伝わるが，部材 C と部材 A 間，部材 C と部材 B 間ではモーメントが伝わらない．ここで，図 (b) のように，部材 A の端部にヒンジを 1 個設けると，三つの部材間でモーメントは伝わらなくなる．したがって，剛接数は 1 とカウントする．一方，図 8.3(a) の節点では，図 (b) のように，部材 A と C の端部にヒンジを 2 個設けると三つの部材間でモーメントは伝わらなくなる．したがって，剛接数は 2 とカウントする．このように，剛接数は，お互いの部材間でモーメントが伝わらなくなるよう，部材端部に追加するヒンジの数をカウントして求める．

なお，支点に関しては支点反力 r でカウントするので，固定端であっても剛接数 p として別途カウントする必要はない．

k（節点数）：節点のほか，自由端，支点，ヒンジを含めてカウントする．

8.3 ▶ 判別式の誘導

一般に，未知数と方程式の数が一致すれば，方程式は解くことができる．この性質を利用し，式 (8.1) は以下のように求めることができる．

① 未知数について考える．未知数は「部材応力」と「反力」に分けられる．両

端をピン節点とする場合の部材応力は軸力のみであるから，m 個の部材が存在する場合には，未知数は m 個となる．剛接された節点では，これにせん断力とモーメントが加わり，$2p$ 個の未知数が付加される．さらに支点反力 r を加え，未知数は以下の数だけ存在することとなる．

$$m + 2p + r \ 個 \tag{8.2}$$

② 方程式の数について考える．ピン節点では鉛直方向と水平方向の二つの力の釣り合い方程式を立てることができる．したがって，節点数を k とすると $2k$ 個の方程式が存在する．また，剛接された部材が p 個存在する場合には，これにモーメントが加わり，p 個の方程式が付加される．結局，以下の個数の方程式が存在することとなる．

$$2k + p \ 個 \tag{8.3}$$

③ 式 (8.2) と式 (8.3) の差をとって次式を得る．

$$N = m + r + p - 2k \tag{8.4}$$

なお，N（不静定次数）は値によって，判別する場合の「必要条件」になったり「十分条件」になったりするので注意が必要である．

$N = 0 \quad \rightarrow \quad$ 静定の必要条件

$N > 0 \quad \rightarrow \quad$ 不静定の必要条件

$N < 0 \quad \rightarrow \quad$ 不安定の十分条件

つまり，「$N = 0$ は静定構造となるための必要条件」であるため，$N = 0$ となっても，「静定構造」とはならず「不安定構造」になる場合がある．このような例は，例題 8.2 で説明する．同様に「$N > 0$ は不静定構造となるための必要条件」であるため，$N > 0$ となっても，「不静定構造」とはならず「不安定構造」になる場合がある．

例題 8.1 図 8.4 に示すようなトラスの不静定次数 N を求め，静定構造かどうかを判定せよ．

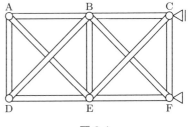

図 8.4

解答　部材数などはつぎのようになる.

$$m = 11, \quad r = 3, \quad p = 0, \quad k = 6$$

したがって, N はつぎのようになる.

$$N = m + r + p - 2k = 11 + 3 + 0 - 12 = 2 \quad \rightarrow \quad 2 \text{ 次の不静定}$$

このトラスでは, たとえば斜材 BD と斜材 BF の二つの部材を取り外しても, 明らかに不安定構造とはならない. このように, 「一般的にトラスの不静定次数は, 取り外しても不安定とならない部材数」に対応する.

例題 8.2　図 8.5 に示すようなトラスの不静定次数 N を求め, 静定構造かどうかを判定せよ.

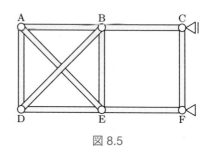

図 8.5

解答　部材数などはつぎのようになる.

$$m = 9, \quad r = 3, \quad p = 0, \quad k = 6$$

したがって, N はつぎのようになる.

$$N = m + r + p - 2k = 9 + 3 + 0 - 12 = 0 \quad \rightarrow \quad N = 0 \text{ でも不安定}$$

この例では不静定次数 N は 0 となるが, 「静定」とはならない. それは, 図 8.6(a) に示すように, 節点 A に鉛直方向荷重を作用させると, このトラスは荷重を支えることができず「不安定」になるからである.

なお, 図 8.6(b)に示すように, 斜材 BD を取り外して斜材 BF を追加すると, 部材数は変わらないので不静定次数 N の値は 0 のままであるが, この構造は「静定構造」となる. 8.2 節において「$N = 0$ は静定構造となるための必要条件である」と述べたのは, このような例が稀に存在することによる.

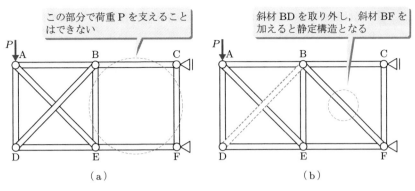

図 8.6　不安定構造の例

例題 8.3　図 8.7 に示すようなヒンジ付梁の不静定次数 N を求め，静定構造かどうかを判定せよ．

図 8.7

解答　部材数などはつぎのようになる．支点とヒンジで分けて部材数をカウントすることに注意する．

$$m = 3, \qquad r = 4, \qquad p = 1, \qquad k = 4$$

したがって，N はつぎのようになる．

$$N = m + r + p - 2k = 3 + 4 + 1 - 8 = 0 \quad \rightarrow \quad 静定$$

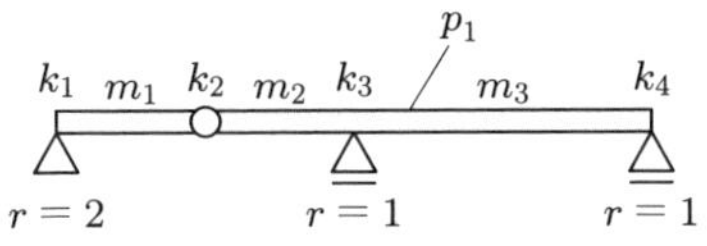

図 8.8　不静定次数の計算

例題 8.4　図 8.9 に示すようなラーメン構造の不静定次数 N を求め，静定構造物かどうかを判定せよ．

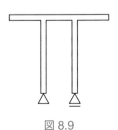

図 8.9

解 答 部材数などはつぎのようになる．張り出した部分の自由端も節点としてカウントすること，三つの部材が剛接される節点では剛接数は 2 となることなどに注意する．

$$m = 5, \qquad r = 3, \qquad p = 4, \qquad k = 6$$

したがって，N はつぎのようになる．

$$N = m + r + p - 2k = 5 + 3 + 4 - 12 = 0 \quad \rightarrow \quad \text{静定}$$

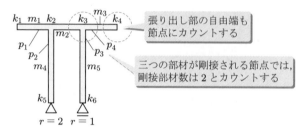

図 8.10　不静定次数の計算

例題 8.5 図 8.11 に示すようなヒンジ付ラーメンの不静定次数 N を求め，静定構造物かどうかを判定せよ．

図 8.11

解 答 部材数などはつぎのようになる．自由端も節点にカウントすること，固定端の支点については剛接数にカウントする必要がないことに注意する．

$$m = 4, \qquad r = 6, \qquad p = 2, \qquad k = 5$$

したがって，N はつぎのようになる．

$$N = m + r + p - 2k = 4 + 6 + 2 - 10 = 2 \quad \rightarrow \quad \text{2 次の不静定}$$

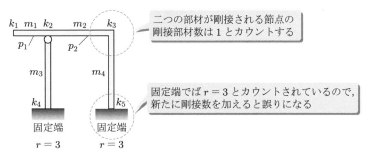

図 8.12 不静定次数の計算

つぎに示す各構造の不静定次数を求め，静定構造かどうかを判定せよ．

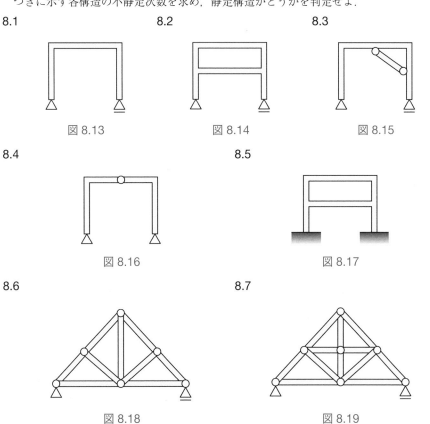

8.1

図 8.13

8.2

図 8.14

8.3

図 8.15

8.4

図 8.16

8.5

図 8.17

8.6

図 8.18

8.7

図 8.19

8.8

図 8.20

8.9

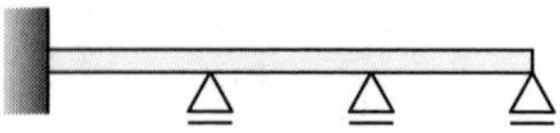

図 8.21

8.10

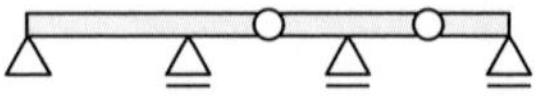

図 8.22

8.11

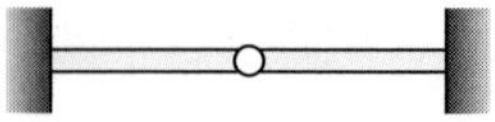

図 8.23

8.12

図 8.24

第9章

部材断面の応力計算

第8章までに学んできた構造力学においては，部材は線材（1本の線）として捉え，断面の大きさ（寸法，形状）を考慮しないものと仮定してきた．しかし，実際の建築物では柱，梁，床（スラブ）などすべての部材が断面をもっている．そこで，本章では，部材の断面の大きさを考慮して，部材に生じている応力度，ひずみ度および変形を考える．

9.1 ▶ 材料の性質

構造部材に荷重が作用したときにその各部材に生じる応力と変形は，それを構成している材料の性質によって異なる．加えられる力と部材の限界・強さがわかれば，部材が壊れることのないように，部材の形状や寸法を決めることができる．部材の強度をどのように評価し，何を根拠に部材の限界・強さを決定するのか．それらを評価する指標が「応力度」と「ひずみ度」である．本節では，まずは「応力度」と「ひずみ度」の定義とそれらの関係について説明する．

■9.1.1 応力度

2.2.1項で説明したように，ある部材に対して外から加わる力を**外力**（external force）といい，それに対応する内部の力を**内力**（internal force）という．第8章までは，部材は剛体として変形しないと考えてきたが，実際の部材は応力によって変形（伸び，縮み）したり，破壊（ひび割れ，欠ける，破断）したりする．

応力には，軸方向力に対応する垂直応力，せん断力に対応するせん断応力，曲げモーメントに対応する曲げ応力がある．応力を単位面積あたりの力として表現した値を**応力度**（stress）といい[†]，単位 $[\mathrm{N/mm^2}]$ などで表す．つまり，応力度とは，単位面積あたりの内力のことである．

さて，部材の軸方向に外力 P（引張力）が作用すると，図9.1に示すように，部材内

[†] 単に「応力」のように "度" を省略して表現しても，応力度を意味する場合がある．

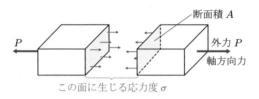

図 9.1　垂直応力度

では外力に釣り合うように部材の軸（材軸）に対して垂直断面に応力度を生じる（圧縮力 P が作用する場合も同様である）．材軸方向に直交する面の応力度を垂直応力度（vertical stress）$\overset{シグマ}{\sigma}$ といい，次式で求められる．単位は $[\mathrm{N/mm^2}]$ などとなる．

$$\sigma = \frac{P}{A} \tag{9.1}$$

ここで，A は断面積（$[\mathrm{mm^2}]$ など）である．

　引張力が作用する場合を引張応力度，圧縮力が作用する場合を圧縮応力度という．なお，引張応力度を「正（＋）」，圧縮応力度を「負（－）」で表す．

　部材を引張る力と圧縮する力だけでなく，図 9.2 に示すように部材どうしあるいは部材内部で面と面に食い違いを生じさせる力もある．この力に対して生じる応力度は，せん断応力度（shear stress）$\overset{タウ}{\tau}$ とよばれ，次式で求められる．せん断応力度の場合も軸方向応力度と同様に単位は $[\mathrm{N/mm^2}]$ などとなる．

$$\tau = \frac{S}{A} \tag{9.2}$$

ここで，S は外力（せん断力）（$[\mathrm{N}]$ など）である．

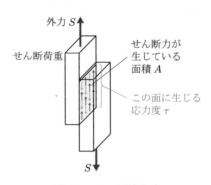

図 9.2　せん断応力度

　部材を曲げようとする外力が作用すると材の内部には曲げモーメント M が生じる．この曲げモーメントに対して生じる応力度を曲げ応力度（bending stress）$\overset{シグマ}{\sigma}$ といい，次式で求められる．曲げ応力度の場合も単位は $[\mathrm{N/mm^2}]$ などとなる．

$$\sigma = \frac{M}{I}y \tag{9.3}$$

ここで，I は断面二次モーメント（[mm^4] など．詳細は 9.2.2 項参照），M は外力（曲げモーメント）（[N·mm] など），y は**中立軸**† からの距離（[mm] など）である．

図 9.3 に示すような外力が作用した場合，ある断面において，上側では圧縮，下側では引張りの垂直応力度が発生している．なお，詳細は 9.3 節を参照してほしい．

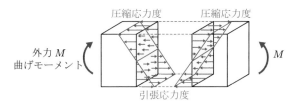

図 9.3 曲げ応力度

■9.1.2 ひずみ度

力が作用することにより，部材は変形する．変形を単位長さあたりの変形として表現した値を**ひずみ度**（strain）という††．ひずみ度は単位をもたない無次元の量である（[mm/mm]，[m/m] など）．

部材に軸方向引張力 P が作用すると，図 9.4 に示すように，部材は左右にわずかに $\Delta l/2$ ずつ伸びて（全体で Δl），この外力 P と釣り合う状態となる．この長さの変化の割合をひずみ度 $\overset{\text{イプシロン}}{\varepsilon}$ といい，次式のように表される．

$$\varepsilon = \frac{\Delta l}{l} \tag{9.4}$$

ここで，Δl は伸び（[mm] など），l は変形前の長さ（[mm] など）である．

図 9.4 軸方向ひずみ度

圧縮力が作用する場合には，部材はわずかに縮んで，圧縮ひずみ度が生じる．ここでは，引張ひずみ度を「正（＋）」，圧縮ひずみ度を「負（－）」で表す．

---

† 中立軸とは，曲げ材の材軸方向に生じる引張領域と圧縮領域との境界のこと（9.3.1 項参照）．
†† 単に「ひずみ」のように "度" を省略して表現しても，ひずみ度を意味する場合がある．

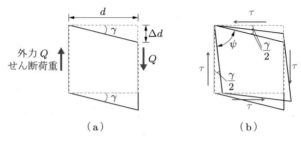

図 9.5 せん断ひずみ度

せん断荷重が作用する場合も，図 9.5(a) に示すようにひずみ度を生じる．せん断力が作用する場合のせん断ひずみ度（shear strain）$\overset{\text{ガンマ}}{\gamma}$ は，次式のように角度として表されるので，ラジアンで表現され，単位も無次元である．

$$\gamma = \frac{\Delta d}{d} \tag{9.5}$$

ここで，d は要素の長さ，Δd はずれ量である．

図 9.5(b) に示すように，せん断応力には共役性[†] があり，直交する断面に同時に生じる．図の上下方向および水平方向のせん断応力に対して，それぞれ $\gamma/2$ ずつ角度が変化し，あわせて γ となる．図(a)は，左側の面を動かさないものとして描いており，図(b)を $\gamma/2$ だけ時計まわりに回転させて描いている．変形後の要素のなす角度を ψ とすると，そのときのせん断によるなす角 γ はつぎのように表せる．

$$\gamma = \frac{\pi}{2} - \psi \tag{9.6}$$

例題 9.1 長さ 2 m，一辺 20 mm の一様な正方形断面の棒に，14.9 kN の引張荷重を加えたら，伸びは 0.46 mm であった．応力度 σ とひずみ度 ε を求めよ．

- -

解答 一辺 d，長さ l，荷重 P，伸び Δl とおくと，断面積 $A = d^2$ であるから，応力度 σ は式(9.1)より，次式となる．

$$\sigma = \frac{P}{A} = \frac{P}{d^2}$$

上式に $d = 20\,\text{mm}$，荷重 $P = 14.9\,\text{kN} = 1.49 \times 10^4\,\text{N}$ を代入すると，つぎのように求められる．

$$\sigma = \frac{1.49 \times 10^4}{20^2} = 37.25\,\text{N/mm}^2 = 37.3\,\text{N/mm}^2$$

[†] 共役性とは，ある面にせん断応力度 τ が生じると，その面に直交する面に同じ大きさで向きが反対のせん断応力度 τ が生じること．このような状態を考慮しないと力の釣り合いが満足できない．

一方，ひずみ度 ε は式 (9.4) に $l = 2\,\mathrm{m} = 2 \times 10^3\,\mathrm{mm}$，$\Delta l = 0.46\,\mathrm{mm}$ を代入して，つぎのように求められる．

$$\varepsilon = \frac{\Delta l}{l} = \frac{0.46}{2 \times 10^3} = 0.23 \times 10^{-3} = 2.3 \times 10^{-4}$$

■9.1.3 ポアソン比

図 9.6 に示すように，部材に一方向に引張力が作用すると，部材は軸方向に伸びると同時に直交方向には縮む．

$$\text{縦ひずみ度} \quad \varepsilon_1 = \frac{\Delta l}{l} \tag{9.7}$$

$$\text{横ひずみ度} \quad \varepsilon_2 = \frac{\Delta w}{w} \tag{9.7'}$$

ここで，Δl は縦方向の伸び量，Δw は横方向の縮み量である．

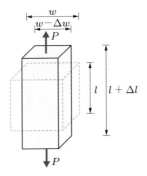

図 9.6 ポアソン比

次式のように表す軸方向のひずみ度 ε_1 に対する直交方向のひずみ度 ε_2 の比を**ポアソン比**（Poisson's ratio）$\overset{\text{ニュー}}{\nu}$ という．ひずみ度に単位はないので，ポアソン比にも単位はない．

$$\nu = \left| \frac{\varepsilon_2}{\varepsilon_1} \right| \tag{9.8}$$

ポアソン比は，材料によって一定の値となり，鋼材は約 0.3，銅・アルミは約 0.33，木材は約 0.4，ゴムは約 0.5，コンクリートは 0.1〜0.2 程度である．構造設計をする際にはポアソン比を使うことはあまりないが，材料の性質を表す一つとして覚えておきたい定数である．

■9.1.4 弾性係数

部材は外力が作用すると変形する．外力が小さい場合にはわずかに変形し，その外力を除くと元の状態に戻る．この性質を**弾性**（elasticity）という．これに対して，力がある値以上に大きくなれば，部材も弾性の性質を保持できなくなり，外力によって生じた変形が，その外力を取り除いたあとも消失せず，原形に戻らない状態になることがある．このような性質を**塑性**（plasticity）という（図9.7）.

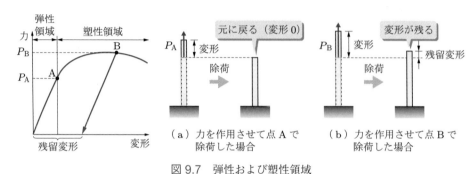

（a）力を作用させて点Aで除荷した場合　（b）力を作用させて点Bで除荷した場合

図 9.7　弾性および塑性領域

一般的に，一定の外力の範囲内では，物体は外力の大きさに比例した変形量を生じ，外力が0に戻れば変形量も0になる．同様に，外力を加えたときに生じる応力度とひずみ度も比例する．これを，フックの法則（Hook's law）という．このときに生じる応力度とひずみ度の比は，材料の種類によって決まる一定の値となり，このときの比例定数を**弾性係数**（modulus of elasticity）という．フックの法則は，次式のように表せる．

$$弾性係数 = \frac{応力度}{ひずみ度} \tag{9.9}$$

この弾性係数は構造材料の種類に応じて異なり，材料の弾性挙動を特徴づける材料定数である．その代表として，ヤング係数とせん断弾性係数がある．

（1）ヤング係数

構造物のある点における垂直応力度 σ とひずみ度 ε の間にはフックの法則とよばれる以下の関係がある．

$$\sigma = E\varepsilon \tag{9.10}$$

このときの比例定数 E を**ヤング係数**（Young's modulus）あるいは弾性定数といい，単位は応力度の単位と同じである．一般的な鋼材の場合，ヤング係数は $2.06 \times 10^5 \, \text{N/mm}^2$ で，コンクリートの場合は $2.0 \times 10^4 \sim 3.0 \times 10^4 \, \text{N/mm}^2$ 程度である．

(2) せん断弾性係数

構造物のある点におけるせん断応力度 τ とせん断ひずみ度 γ の間には,以下の関係がある.

$$\tau = G\gamma \tag{9.11}$$

このときの比例定数 G を**せん断弾性係数**(shearing modulus)といい,単位は応力度の単位と同じである.なお,説明は省略するが,せん断弾性係数 G は,ヤング係数 E とポアソン比 ν との間に以下の関係がある.

$$G = \frac{E}{2(1+\nu)} \tag{9.12}$$

例題 9.2 長さ $l = 5\,\mathrm{m}$,一辺 $d = 20\,\mathrm{mm}$ の一様な正方形断面の鋼製の棒に $P = 14.9\,\mathrm{kN}$ の圧縮荷重が作用している.このときの縮み量を求めよ.ただし,ヤング係数 $E = 2.06 \times 10^5\,\mathrm{N/mm^2}$ とする.

解 答 一辺 d,長さ l,荷重 P,縮み量 Δl とおくと,式(9.1),(9.4),(9.10)から次式を得る.

$$\frac{P}{A} = E\frac{\Delta l}{l}$$

断面積 $A = d^2$ であるから,縮み量 Δl は上式より,次式となる.

$$\Delta l = \frac{P}{AE}l = \frac{P}{d^2 E}l$$

各値を代入すると,縮み量 Δl はつぎのように求められる.

$$\Delta l = \frac{1.49 \times 10^4}{20^2 \times 2.06 \times 10^5} \times 5 \times 10^3 = 0.904\,\mathrm{mm}$$

例題 9.3 長さ $l = 500\,\mathrm{mm}$,直径 $d = 25\,\mathrm{mm}$ の一様な円形断面の鋼製の棒に,引張荷重が作用し,$\Delta l = 0.8\,\mathrm{mm}$ 伸びた.ポアソン比 $\nu = 0.3$ のとき,直径の変化量 Δd を求めよ.

解 答 軸方向のひずみを ε_1,直径方向のひずみを ε_2 とすると,

$$\varepsilon_1 = \frac{\Delta l}{l}, \qquad \varepsilon_2 = \frac{\Delta d}{d}$$

であるので,ポアソン比 ν は,次式となる.

$$\nu = \left|\frac{\varepsilon_2}{\varepsilon_1}\right| = \frac{\Delta d/d}{\Delta l/l} = \frac{\Delta d \times l}{\Delta l \times d}$$

各値を代入すれば，変化量はつぎのように求められる．

$$\Delta d = \nu \frac{\Delta l \times d}{l} = 0.3 \times \frac{0.8 \times 25}{500} = 0.012 \, \text{mm}$$

■9.1.5　強度と剛性

強度（strength）とは，外力に対する強さの度合いを表すものである．構造物の強さは，その構造物に破壊をもたらす荷重，すなわち破壊荷重で決められ，個々の構造物特有の値がある．一方，構造物を構成する各部材の材料においても，最大の値，すなわち最大強度があり，個々の材料によって異なる．

剛性（rigidity）とは，外力に対する変形の程度を表すものである．変形しにくい構造物は剛性が大きい，または高い構造物であると表現する．変形しやすい構造物は剛性が小さい，または低い構造物であると表現する．また，構成部材がたわみやすくなることを剛性が低下していると表現する．

構造を学ぶ目的の一つは，すでにわかっている構成材料の強度に基づいて，構造物の強さ（破壊荷重：collapse load）を予測することである．強度と剛性を混同しないように注意してほしい．

9.2 ▶ 断面の性質

構造部材の断面の形状を考慮して，部材に生じている応力度，ひずみ度さらに構造物の変形を考えることが重要である．ここでは，部材断面の形状と寸法に応じて決まる性質を説明する．

断面の性質を表すものとしては，断面積 A，図心 G，断面一次モーメント S，断面二次モーメント I，断面係数 Z，断面二次半径 i などが挙げられる．

■9.2.1　断面一次モーメント

断面一次モーメント（geometrical moment of area）とは，任意の軸に対する断面のはたらきを表すもので，部材断面の図心を求める場合や，曲げ材のせん断応力度を求める場合に用いる．**図心**（center of section）とは，部材断面の面積的な中心のことである．図 9.8(a) に示すような断面の部材に外力 P が作用するとき，外力の作用点と断面の図心 G とが一致しない場合（e だけずれている）には，図(b) に示すような**偏心**（eccentricity）距離 e による曲げモーメント $M = Pe$ が部材に作用することになる．このような偏心量 e を知るうえで，断面の図心位置は重要である．また，曲げのみが

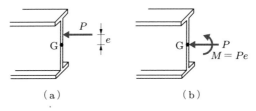

図 9.8 図心と偏心距離

作用する部材の中立軸は断面の図心位置と一致するので，図心の位置を求めることで中立軸の位置を求めることができる．（詳細は 9.3 節参照）

　断面一次モーメントは，断面積に求めたい軸までの距離を乗じて算定する．一つの断面のある軸に関する断面一次モーメントとは，断面の微小面積要素 $\mathrm{d}A$ にその軸からの距離を乗じた値を全断面積について加算した値（総和）をいう．すなわち，図 9.9 において x 軸に関する断面一次モーメントを S_x とすれば，

$$S_x = \sum y\,\mathrm{d}A = \int y\,\mathrm{d}A \tag{9.13}$$

と表される．単位は $[\mathrm{mm}^3]$ などの長さの 3 乗である．

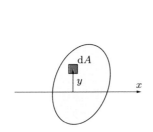

図 9.9 断面一次モーメント

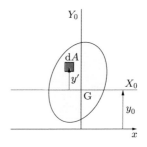

図 9.10 図心（x 軸に関して）

　図心 G は，部材断面の平面図形の中心であるから，図心を通る軸まわりの断面一次モーメントは 0 となる．つまり，図心に関して以下の関係が成立する．厚さと面積あたりの重量が一様な図形を考えれば，その重心と図心は一致する．

$$S_x = \sum y\,\mathrm{d}A = \int y\,\mathrm{d}A = 0 \tag{9.14}$$

　図 9.10 に示すように，任意の x 軸と図心 G を通る軸 X_0 までの距離を y_0 とし，X_0 軸からの $\mathrm{d}A$ までの距離を y' とすると，x 軸まわりの断面一次モーメントは，$y = y_0 + y'$ と図心の X_0 軸まわりの断面一次モーメントが 0 の条件（$\int_A y'\mathrm{d}A = 0$）により，つぎのように求められる（なお，X_0 と Y_0 は図心を通る軸を示す）．

$$S_x = \int_A y\mathrm{d}A = \int_A (y_0 + y')\mathrm{d}A$$
$$= y_0 \int_A \mathrm{d}A + \int_A y'\mathrm{d}A = Ay_0 \tag{9.15}$$

上式は，任意の x 軸まわりの断面一次モーメントは，x 軸からの図心までの距離 y_0 に面積を乗じた値となることを表している．S_y についても同様に $S_y = Ax_0$ と求められ，式(9.15)を用いて図心位置を求めることができる．

なお，断面一次モーメントが 0 になるような，方向の異なる二つの軸を見出せば，その軸の交点が図心ということになる．矩形や円において図心は中心と一致する．

図 9.11 に示すような矩形断面の x 軸まわりの断面一次モーメントは次式のようになる．

$$S_x = \int y\mathrm{d}A = \int_{y_1}^{y_2} yb\,\mathrm{d}y$$
$$= b\left[\frac{y^2}{2}\right]_{y_1}^{y_2} = \frac{b}{2}(y_2^2 - y_1^2) = \underbrace{b(y_2 - y_1)}_{断面積} \underbrace{\left(\frac{y_2 + y_1}{2}\right)}_{図心位置} \tag{9.16}$$

$$\therefore S_x = A\left(\frac{y_2 + y_1}{2}\right) \tag{9.17}$$

上式は，矩形断面の全断面積にその断面の図心 G から x 軸までの距離を乗じていることを意味しており，式(9.15)と同じことを表している．

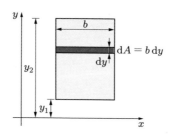

図 9.11　矩形断面

図 9.12 に示すような複雑な断面で構成された場合の x 軸に関する図心位置 $(x_0,\ y_0)$ を求めてみよう．ここでは，x 軸に関する図心位置 y_0 を求める方法を詳細に説明する．

まず，図 9.13 のように長方形 A_1 と A_2 に分割して考える．それぞれの図心座標は $G_1\ (a_2/2,\ b_1/2)$，$G_2\ ((a_1 + a_2)/2,\ b_2/2)$ と表せ，全体の断面一次モーメントはつぎのようになる．

$$S_x = \sum(\mathrm{d}A \times y) = A_1 y_1 + A_2 y_2$$

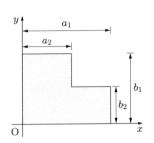

図 9.12 複雑な断面における
断面一次モーメント

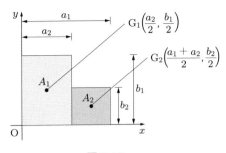

図 9.13

$$= (a_2 b_1)\frac{b_1}{2} + ((a_1 - a_2)b_2)\frac{b_2}{2}$$

ここで，全断面積 $A = A_1 + A_2$ で，x 軸に関する図心距離 y_0 はつぎのようになる．

$$y_0 = \frac{S_x}{A} = \frac{(a_2 b_1)\dfrac{b_1}{2} + ((a_1 - a_2)b_2)\dfrac{b_2}{2}}{A_1 + A_2}$$

なお，y 軸に関する図心距離 x_0 はつぎのように求められる．

$$x_0 = \frac{S_y}{A} = \frac{(a_2 b_1)\dfrac{a_2}{2} + ((a_1 - a_2)b_2)\dfrac{a_1 + a_2}{2}}{A_1 + A_2}$$

例題 9.4 図 9.14 に示すような図形の x 軸に関する断面一次モーメントを求めよ．

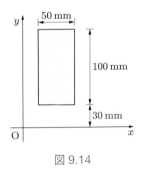

図 9.14

- -

解 答 矩形の断面積は $A = 50\,\text{mm} \times 100\,\text{mm} = 5 \times 10^3\,\text{mm}^2$ である．図心と x 軸との距離は $y_0 = 100/2 + 30 = 80\,\text{mm}$ である．

したがって，断面一次モーメント S_x は以下のようになる．

$$S_x = A y_0 = 5 \times 10^3 \times 80 = 4 \times 10^5\,\text{mm}^3$$

例題 9.5 図 9.15 に示すような多角形の x 軸に関する断面一次モーメントを求めよ.

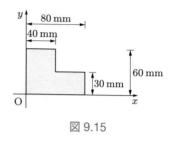

図 9.15

解答 図 9.16 のように長方形 A_1 と A_2 に分割して考える.

A_1 と A_2 の図心座標はそれぞれ $G_1 (20, 30)$, $G_2 (60, 15)$ となる. A_1 と A_2 の断面積はそれぞれつぎのようになる.

$$A_1 = 40\,\text{mm} \times 60\,\text{mm}, \qquad A_2 = 40\,\text{mm} \times 30\,\text{mm}$$

断面一次モーメント S_x は以下のようになる.

$$\begin{aligned}
S_x &= A_1 y_1 + A_2 y_2 \\
&= (40 \times 60) \times 30 + (40 \times 30) \times 15 \\
&= 72000 + 18000 = 90000\,\text{mm}^3 = 9 \times 10^4\,\text{mm}^3
\end{aligned}$$

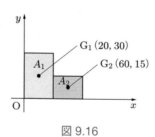

図 9.16

■9.2.2 断面二次モーメント

たとえば,図 9.17 に示すような二つの等断面の梁において,等しい荷重 P が作用している場合には,図(a)に示すように,同じ曲げモーメントが生じる.しかし,図(b),(c)を比較すると,異なる曲げ変形が生じており,図(c)の横長断面の場合のほうが曲げ変形が大きくなっていることがわかる.この状態を数値的に知るのに用いられるのが**断面二次モーメント**(geometrical moment of inertia)である.断面二次モーメントは,曲げによる部材の曲げ応力やたわみにくさ(剛性)などの変形に関係した係数を求める際に使用する重要な断面の性質の一つである.これが大きいと材はたわみに

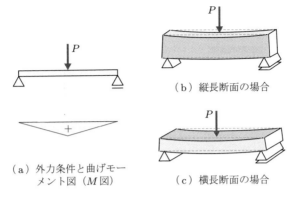

（a）外力条件と曲げモー
メント図（M 図）

（b）縦長断面の場合

（c）横長断面の場合

図 9.17 同一断面の曲げ変形の違い

くく，小さいとたわみやすい．

（1）断面二次モーメントの求め方

断面のある軸に関する断面二次モーメントとは，その微小面積要素 $\mathrm{d}A$ に座標軸からの距離の 2 乗を乗じた値の総和をいう．図 9.18 において，x 軸に関する断面二次モーメントを I_x，y 軸に関する断面二次モーメントを I_y とすると，

$$\left.\begin{array}{l} I_x = \sum y^2 \mathrm{d}A = \int y^2 \mathrm{d}A \\ I_y = \sum x^2 \mathrm{d}A = \int x^2 \mathrm{d}A \end{array}\right\} \tag{9.18}$$

となる．単位は $[\mathrm{mm}^4]$ などの長さの 4 乗である．

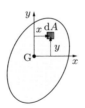

図 9.18 断面二次モーメント

図 9.19 に示すような矩形断面において，図心 G を通る x 軸に関する断面二次モーメントは，つぎのようになる．

$$I_x = \int y^2 \mathrm{d}A = \int_{-D/2}^{+D/2} y^2 b \, \mathrm{d}y = \frac{1}{3} b [y^3]_{-D/2}^{+D/2} = \frac{bD^3}{12} \tag{9.19}$$

同様に図心 G を通る y 軸に関する断面二次モーメントは，つぎのようになる．

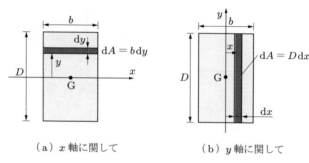

（a）x 軸に関して 　　　　　（b）y 軸に関して

図 9.19　矩形断面の断面二次モーメント

$$I_y = \int x^2 \mathrm{d}A = \int_{-b/2}^{+b/2} x^2 D\mathrm{d}x = \frac{1}{3}D[x^3]_{-b/2}^{+b/2} = \frac{Db^3}{12} \tag{9.20}$$

図 9.19 において，「I_x のほうが I_y よりも大きい」ことは想像がつく．なぜなら，軸から遠い部分に断面積をもつものほど断面二次モーメントが大きくなるからである．

断面のどこかに対称軸をもつ場合，「その軸に関する断面二次モーメントが極大値または極小値を与え，それと直交する軸に関する断面二次モーメントが極小値または極大値を与える」ことがわかっている．これが**主軸**とよばれるもので，最大値を与える軸のことを**強軸**，もう一方を**弱軸**とよぶ．

例題 9.6　図 9.20 に示すような円形断面の図心を通る x 軸に関する断面二次モーメント I_x を求めよ．

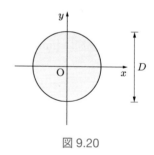

図 9.20

解答　図 9.21 に示すように x 軸について考える．x 軸からの距離 y における幅 $b_y = 2\sqrt{r^2 - y^2}$ である微小面積 $\mathrm{d}A$ はつぎのように計算できる．

$$\mathrm{d}A = b_y \mathrm{d}y$$

x 軸における断面二次モーメントは，

$$I_x = \sum y^2 \mathrm{d}A = \int y^2 \mathrm{d}A = \int_{-D/2}^{D/2} 2\sqrt{r^2 - y^2} \times y^2 \mathrm{d}y$$

と表され，ここで，$y = r\sin\theta$，$r = D/2$ とおくと，$\mathrm{d}y = r\cos\theta \cdot \mathrm{d}\theta$ となる．また，$-r \leq y \leq r$ より，$-\pi/2 \leq \theta \leq \pi/2$ と表され，半角の公式[†] を適用するとつぎのようになる．

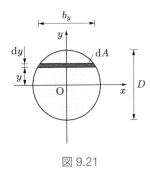

図 9.21

$$I_x = 2r^4 \int_{-\pi/2}^{\pi/2} \sin^2\theta\cos^2\theta\,\mathrm{d}\theta$$

$$= 2r^4 \int_{-\pi/2}^{\pi/2} \frac{1 - \cos 4\theta}{8}\,\mathrm{d}\theta = \frac{\pi D^4}{64}$$

(2) 図心を通る軸に対して平行な軸に関する断面二次モーメント

断面二次モーメントを求める際に，つねに図心位置を通る軸に関する場合だけではなく，任意の軸に関する断面二次モーメントも求められると都合がよい場合がある．たとえば，図 9.22 において，図心を通る x 軸に対して，平行で距離 y_0 離れた X 軸に関する断面二次モーメント I_x を求めると，

$$I_x = \sum y^2 \mathrm{d}A \tag{9.21}$$

$$= \int (y + y_0)^2 \mathrm{d}A$$

$$= \int (y^2 + 2yy_0 + y_0^2)\mathrm{d}A = \int y^2 \mathrm{d}A + 2y_0 \int y\,\mathrm{d}A + y_0^2 \int \mathrm{d}A$$

$$= I_0 + 2y_0 S_x + y_0^2 A \tag{9.22}$$

となり，図心を通る x 軸に関する断面一次モーメント $S_x = 0$（式(9.14)）より，つぎのようになる．

$$I_x = I_0 + Ay_0^2 \tag{9.23}$$

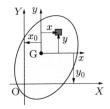

図 9.22　図心を通る軸に対して平行な軸に関する断面二次モーメント

---

† 関係する三角関数の公式を以下に示す．

$$\sin\theta \cdot \cos\theta = \frac{1}{2}\sin 2\theta, \qquad \sin^2 2\theta = \frac{1 - \cos 4\theta}{2}$$

ここで，図心 G $(x,\ y)$ を通る x 軸に関する断面二次モーメントを I_0 とする.

図心を通る x 軸に関する断面二次モーメントがわかれば，これと平行な任意の軸に関する断面二次モーメントが式(9.23)で求められる．これを**平行軸の定理**（parallel-axis theorem）という．

> **例題 9.7** 図 9.23 に示すような図形の図心を通る水平軸および x 軸に関する断面二次モーメント I_0, I_x を求めよ.

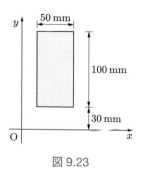

図 9.23

解 答 図心位置を通る断面二次モーメントは式(9.19)より，

$$I_0 = \frac{bD^3}{12} = \frac{50 \times 100^3}{12} = 4.16 \times 10^6 \ \text{mm}^4$$

さらに，x 軸に関する断面二次モーメントは平行軸の定理（式(9.23)）より，つぎのようになる．

$$I_x = I_0 + Ay_0^2$$

$A = 50 \times 100 = 5000 \ \text{mm}^2$，$y_0 = 30 + 100/2 = 80 \ \text{mm}$ より，つぎのように求められる．

$$I_x = 4.16 \times 10^6 + 5000 \times 80^2 = 3.616 \times 10^7 \ \text{mm}^4 = 3.62 \times 10^7 \ \text{mm}^4$$

(3) 組み合わせ断面の断面二次モーメント

図 9.24 に示すように，断面積が A_1 および A_2 からなる T 字形の図心位置を通る x 軸に関する断面二次モーメントを求める．

まず，X 軸に関する断面二次モーメントは，

$$I_{X_1} = I_{01} + y_{01}^2 A_1 \tag{9.24}$$

$$I_{X_2} = I_{02} + y_{02}^2 A_2 \tag{9.25}$$

となり，したがって，つぎのようになる．

$$I_X = I_{X_1} + I_{X_2} = I_{01} + I_{02} + y_{01}^2 A_1 + y_{02}^2 A_2 \tag{9.26}$$

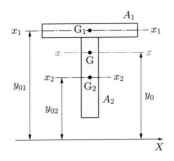

図9.24 組み合わせ断面における断面二次モーメント

一方，X 軸からの図心 G の位置は

$$y_0 = \frac{\sum Ay}{A} = \frac{A_1 y_{01} + A_2 y_{02}}{A_1 + A_2} \tag{9.27}$$

で求められるので，組み合わせ断面の図心位置を通る x 軸に関する断面二次モーメントは，式(9.23)より次式で求めることができる．

$$I_0 = I_X - y_0^2 \sum A \tag{9.28}$$

例題9.8 図9.25に示すような図形の図心を通る水平 X 軸および x 軸に関する断面二次モーメント I_0, I_x を求めよ．

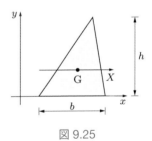

図9.25

解答 図心位置からの微小要素断面を $\mathrm{d}A$ とし，距離 y の位置の微小要素 $\mathrm{d}A$ の底面の幅を b' とする．X 軸から微小要素までの距離を y とおき，このときの微小要素 $\mathrm{d}A$ の幅を b' とする．図心は三角形の高さ h を 2 : 1 に内分する位置にあることを考慮すると，図心位置における断面二次モーメント I_0 を求められる．

$$\mathrm{d}A = \mathrm{d}y\, b'$$

$$h : b = \left(\frac{2}{3}h - y\right) : b' \qquad \therefore b' = \frac{b}{h}\left(\frac{2}{3}h - y\right)$$

$$\mathrm{d}A = \frac{b}{h}\left(\frac{2}{3}h - y\right) \cdot \mathrm{d}y$$

$$I_0 = \int_{-1/3h}^{2/3h} y^2 \frac{b}{h} \left(\frac{2}{3}h - y\right) \mathrm{d}y$$

$$= \frac{b}{h} \int_{-1/3h}^{2/3h} \left(\frac{2}{3}hy^2 - y^3\right) \mathrm{d}y$$

$$= \frac{b}{h} \left[\frac{2}{9}hy^3 - \frac{y^4}{4}\right]_{-h/3}^{2h/3} = \frac{bh^3}{36}$$

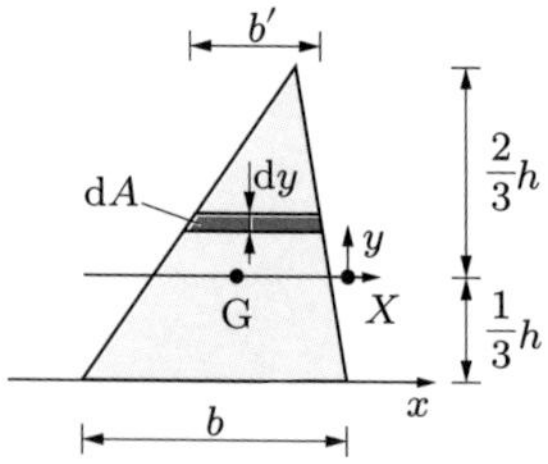

図 9.26

平行軸の定理を用いると，x 軸に関する断面二次モーメント I_x はつぎのように求められる．

$$I_x = I_0 + Ay_0^2 = \frac{bh^3}{36} + \frac{bh}{2} \left(\frac{h}{3}\right)^2 = \frac{bh^3}{12}$$

■9.2.3　断面係数

図 9.27 において，図心 G を通る x 軸に関する断面二次モーメント I を，その軸から上下最遠端までの距離（上下縁までの距離）y_1，y_2 で除した値を，その軸に関する**断面係数**（modulus of section）Z という．単位は $[\mathrm{mm}^3]$ や $[\mathrm{m}^3]$ など，長さの 3 乗である．

$$Z_1 = \frac{I}{y_1}, \qquad Z_2 = \frac{I}{y_2} \tag{9.29}$$

図 9.28 に示すような矩形断面における断面係数は，以下のようになる．

$$Z_x = \frac{I_x}{y_1} = \frac{bD^3/12}{D/2} = \frac{bD^2}{6}, \qquad Z_y = \frac{I_y}{x_1} = \frac{Db^3/12}{b/2} = \frac{Db^2}{6} \tag{9.30}$$

断面係数は，部材の曲げ応力度の最大値を計算するのに用いられる．

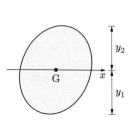

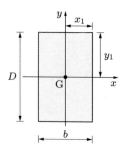

図 9.27　図心から上下縁までの距離の関係　　図 9.28　矩形断面における断面係数

■9.2.4 断面二次半径

断面二次半径（radius of gyration）は，圧縮が作用する部材の座屈荷重を算定する場合に用いられる．断面二次半径が大きいほど，部材は座屈しにくい（座屈については II 巻第 6 章参照）．断面二次半径は次式で定義される．

$$i = \sqrt{\frac{I}{A}} \tag{9.31}$$

ここで，I は断面二次モーメント（[mm^4] など），A は断面積（[mm^2] など）であり，断面二次半径の単位は [mm] などの長さの単位である．

表 9.1 に代表的な断面について，図心，断面二次モーメント，断面係数および断面二次半径など，断面の性質をまとめて示す．

9.3 ▶ 部材の断面に生じる応力度

第 8 章までの線材を対象として，部材の断面に生じる応力度の性質ついて説明しよう．

部材に力が加わると，材には軸方向力 N，せん断力 Q，曲げモーメント M に対する応力が存在することは，9.1.1 項で説明した．たとえば図 9.29 のように，単純梁上 1 箇所に集中荷重が作用すると，梁は変形すると同時に曲がる．変形により部材がひずむことで，せん断力，曲げモーメントが生じ，断面内に曲げ応力度 σ（圧縮および引張り），せん断応力度 τ の分布が生じる．しかし，部材に力が作用することにより発生する応力状態が明らかになっても，それだけでは部材の安全性が確認されたことにはならない．部材の安全性を確認すためには，部材断面に生じる応力を特定し，材料の許容応力度と比較して，部材の安全性を判定する必要がある．ここでは，部材の断面に生じる曲げ応力度とせん断応力について詳細に学んでいこう．

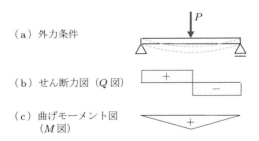

図 9.29　単純梁に集中荷重が作用するときの応力図

表 9.1　各種図形の断面の性質

断面形状	断面積 A	図心の位置 c	断面二次モーメント I	断面係数 Z
	bD	$\dfrac{D}{2}$	$\dfrac{bD^3}{12}$	$\dfrac{bD^2}{6}$
※D_1部分は中空	$b(D_2 - D_1)$	$\dfrac{D_2}{2}$	$\dfrac{b(D_2^3 - D_1^3)}{12}$	$\dfrac{b(D_2^3 - D_1^3)}{6D_2}$
	D^2	$\dfrac{D}{2}$	$\dfrac{D^4}{12}$	$\dfrac{D^3}{6}$
	D^2	$\dfrac{\sqrt{2}D}{2}$	$\dfrac{D^4}{12}$	$\dfrac{\sqrt{2}D^3}{12}$
	$\dfrac{bD}{2}$	$\dfrac{D}{3}$	$\dfrac{bD^3}{36}$	$\dfrac{bD^2}{24}$（上縁）, $\dfrac{bD^2}{12}$（下縁）
	$\dfrac{D(a+b)}{2}$	$\dfrac{D}{3}\left(\dfrac{2a+b}{a+b}\right)$	$\dfrac{D^3}{36}\left(\dfrac{a^2+4ab+b^2}{a+b}\right)$	$\dfrac{D^2}{12}\left(\dfrac{a^2+4ab+b^2}{a+2b}\right)$（上縁）, $\dfrac{D^2}{12}\left(\dfrac{a^2+4ab+b^2}{2a+b}\right)$（下縁）
	$\dfrac{\pi d^2}{4}$	$\dfrac{d}{2}$	$\dfrac{\pi d^4}{64}$	$\dfrac{\pi d^3}{32}$
※d_1部分は中空	$\dfrac{\pi(d_2^2 - d_1^2)}{4}$	$\dfrac{d_2}{32}$	$\dfrac{\pi(d_2^4 - d_1^4)}{64}$	$\dfrac{\pi(d_2^4 - d_1^4)}{32d_2}$

注) いずれも x 軸は図心を通るとする.

■9.3.1 曲げモーメントにより生じる応力度

図 9.30 のように，単純梁上 2 箇所に集中荷重が作用すると，応力図 (a) からわかるように，梁の BC 間には曲げモーメントのみが作用し，せん断力および軸方向力は作用しない．このような曲げモーメントのみが作用する状態を**純曲げ状態**という．なお，後節で梁の曲げ応力度を導くが，この際に必要となる二つの仮定を以下に示す．

仮定1：弾性範囲において，応力度はひずみ度に比例する（フックの法則が成立する）．

仮定2：部材の軸に直角な断面は，曲げモーメントが作用した場合でも，平面を保持する（**平面保持の仮定**が成立する．図 9.31 参照）．

梁は，曲げモーメントにより図 9.30(b) のように全体的に変形する．なお，BC 間は曲げモーメントが一定であるから，この部分の変形は均一となる．

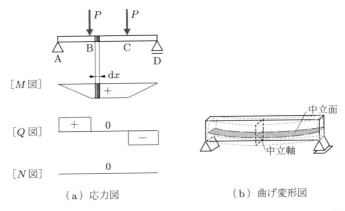

（a）応力図　　　　　　　　（b）曲げ変形図

図 9.30　単純梁に 2 点集中荷重が作用するときの応力図と変形状態

このとき，梁の上側（上端という）は圧縮され，下側（下端）は引張られる．梁の微小要素 dx を取り出して図 9.31(a) に示す．上端と下端の間に伸びも縮みもしないすなわち，軸の長さが変化しない位置がなければならず，応力度のはたらかない面が存在する．この材軸方向の長さが変化しない面のことを**中立面**（neutral plane）とよび，中立面と断面との交線を**中立軸**（neutral axis）という．

| (1)　中立軸から任意の距離の断面に生じる曲げモーメントによる垂直応力度

図 9.31(a) のように，変形前に dx だけ離れた二つの断面 m-n と p-q は，変形後に軸線の湾曲とともに傾き，凸側の n-q は引張られ（n′-q′ となり），凹側の m-p は圧縮される（m′-p′ となる）．

断面 m′-n′ と p′-q′ の延長線は点 O において交わっており，その角を $d\theta$ とする．点 O と中立軸までの距離を ρ とすると，dx の区間は半径 ρ の円の中心角 $d\theta$ をもつ円弧

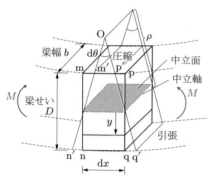

（a）曲げ変形（立体表示）　　（b）微小部分の変形（m′−n′断面を
　　　　　　　　　　　　　　　　　m−n 断面に重ねて描いた）

図 9.31　図 9.30 における微小区間（dx）の拡大図

の形に曲がるものと考えられる．この ρ を**曲率半径**（radius of curvature）という．中立軸においては長さが変わらないので，つぎのように表せる．

$$\rho\,\mathrm{d}\theta = \mathrm{d}x \tag{9.32}$$

また，図 9.31(b)より，中立軸から材軸に直角方向に y 離れた位置の長さは，変形前は cd（長さ dx）であったものが変形後には cd′ になった．このときの伸び量は dd′ であり，$y\,\mathrm{d}\theta$ だけ長さが変化する．このときのひずみ ε_x は，

$$\varepsilon_x = \frac{\mathrm{dd}'}{\mathrm{cd}} = \frac{y\,\mathrm{d}\theta}{\mathrm{d}x} = \frac{y\,\mathrm{d}\theta}{\rho\,\mathrm{d}\theta} = \frac{y}{\rho} \tag{9.33}$$

となる．このときの応力度は，フックの法則より，ヤング係数を E として，

$$\sigma_x = E\varepsilon_x = \frac{E}{\rho}y \tag{9.34}$$

となり，応力も当然のことながら，中立軸からの距離 y に比例して分布することになる．

（2）曲げモーメントと曲げ応力度の関係

図 9.32 に示すような断面において，中立軸から y 離れた面積要素を dA とすると，この部分に $\sigma\,\mathrm{d}A$ の力がはたらくことになり，中立軸に対するモーメント dM は，

$$\mathrm{d}M = \sigma\,\mathrm{d}Ay = \frac{E}{\rho}y^2\,\mathrm{d}A \tag{9.35}$$

となる．このモーメントの断面全体に関する総和と曲げモーメント M は釣り合っていなければならないので，

$$M = \frac{E}{\rho}\int y^2\mathrm{d}A = \frac{E}{\rho}I \tag{9.36}$$

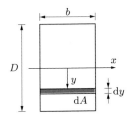

図 9.32　断面内の微小部分

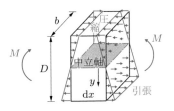

図 9.33　曲げ応力度分布図

となる. なお, ここで, 9.2節で学んだ断面二次モーメント I に関する $I = \int_A y^2 dA$ の関係式を利用している.

式(9.36)を式変形し, 曲率半径の逆数を $\overset{\text{ファイ}}{\phi}$ $(= 1/\overset{\text{ロー}}{\rho})$ とおくと, ϕ と曲げモーメントの関係は以下のようになる. ここで, ϕ を**曲率**という.

$$\phi = \frac{1}{\rho} = \frac{M}{EI} \tag{9.37}$$

上式は, 曲率 ϕ はモーメント M に比例し, 材料のヤング係数 E と断面二次モーメント I の積に反比例することを表している. すなわち, 曲げモーメント M が同じでも EI が大きいほど曲がりにくくなる.

つぎに, 式(9.34)の関係を用いて式(9.36)を整理すると, 断面内の曲げ応力度の式が以下のようになる.

$$\sigma_x = \frac{M}{I} y \tag{9.38}$$

これが, 曲げモーメントが作用する断面の任意の点(中立軸からの y の距離の点)の応力度を求める式である. 断面内の応力度分布は図9.33のようになる.

│(3) 縁応力度と断面係数

曲げモーメントにより部材断面に生じるひずみは, 中立軸からもっとも離れた断面の縁に生じる. したがって, 応力度も縁において最大となる. これを**縁応力度**という. 梁断面に生じる引張りおよび圧縮の最大応力度は, それぞれ梁断面の引張縁と圧縮縁に生じる.

中立軸から引張縁および圧縮縁までの距離をそれぞれ y_t, y_c とすると, 式(9.38)より,

$$\sigma_{t\,max} = \frac{M}{I} y_t, \qquad \sigma_{c\,max} = \frac{M}{I} y_c \tag{9.39}$$

となる. ここで, 9.2.3項で学んだ断面二次モーメント I を中立軸からの引張縁と圧縮縁までの距離で除した値である断面係数 Z_t, Z_c は,

$$Z_\mathrm{t} = \frac{I}{y_\mathrm{t}}, \qquad Z_\mathrm{c} = \frac{I}{y_\mathrm{c}} \tag{9.40}$$

となる．したがって，以下の関係が得られる．

$$\sigma_\mathrm{t\,max} = \frac{M}{Z_\mathrm{t}}, \qquad \sigma_\mathrm{c\,max} = \frac{M}{Z_\mathrm{c}} \tag{9.41}$$

すなわち，曲げ応力度の最大値は曲げモーメントを断面係数で除することにより求めることができる．

　図 9.34 のような長方形断面の単純梁の中央点での，曲げ応力度（縁応力度）を考えてみよう．

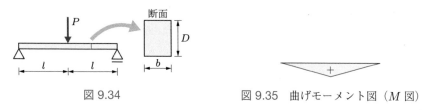

図 9.34　　　　　　　　　図 9.35　曲げモーメント図（M 図）

　まず，単純梁に生じる曲げモーメント図（図 9.35）を作成し，中央部における曲げモーメントを求めるとつぎのようになる．

$$M = \frac{Pl}{2}$$

つぎに，断面係数を求める．長方形断面なので中立軸は図心を通るため，$y_\mathrm{t} = y_\mathrm{c} = D/2$ となる．

$$Z_\mathrm{t} = Z_\mathrm{c} = \frac{I}{D/2}$$

長方形断面の断面二次モーメントは，

$$I = \frac{bD^3}{12}$$

であるため，断面係数はつぎのようになる．

$$Z_\mathrm{t} = Z_\mathrm{c} = \frac{bD^3/12}{D/2} = \frac{bD^2}{6}$$

したがって，縁応力度は，次式で表せる．

$$\sigma = \frac{M}{Z} = \frac{Pl/2}{bD^2/6} = \frac{Pl}{2} \times \frac{6}{bD^2} = \frac{3Pl}{bD^2} \tag{9.42}$$

例題9.9 図 9.36 に示すように，長方形断面の梁が単純支持されている．梁の中央に集中荷重 20 kN が加わった場合について，最大の曲げ応力度（縁応力度）を求めよ．ただし，梁の自重は無視するものとする．

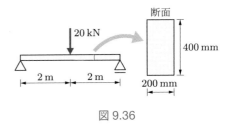

断面

20 kN

2 m　2 m

400 mm

200 mm

図 9.36

解答 梁に生じる最大曲げモーメントはモーメント図（図 9.37）より梁の中央部で 2.0×10^7 N·mm である．

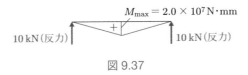

$M_{\max} = 2.0 \times 10^7$ N·mm

10 kN（反力）　　　　　　　　　　10 kN（反力）

図 9.37

つぎに，断面係数を求める．長方形断面なので中立軸は図心を通るため，$y_1 = y_2 = D/2 = 400/2 = 200$ mm である．長方形断面の断面二次モーメントは，

$$I = \frac{bD^3}{12} = \frac{200 \times 400^3}{12}, \qquad Z_t = Z_c = \frac{I}{D/2}$$

であるため，断面係数は次式となる．

$$Z = \frac{bD^3/12}{D/2} = \frac{bD^2}{6} = \frac{200 \times 400^2}{6} = 5.33 \times 10^6 \text{ mm}^3$$

したがって，式 (9.42) に各値を代入すると，縁応力度は以下のように求められる．

$$\sigma = \frac{M}{Z} = \frac{2.0 \times 10^7}{5.33 \times 10^6} = 3.75 \text{ N/mm}^2$$

なお，上端は圧縮応力度 3.75 N/mm²，下端は引張応力度 3.75 N/mm² となる．

■9.3.2 曲げにおけるせん断応力度

図 9.30 のように，単純梁上 2 箇所に集中荷重が作用すると，梁の AB 間（CD 間）には曲げモーメントとせん断力が同時に発生する．

図 9.38 に示すように，中立軸を x 軸，下向きの y 座標を設定し，中立軸から下端（引張縁）までの距離を y_t，上端（圧縮縁）までの距離を y_c とする．ここで，x 方向の微小要素において，y より下の部分（y_t から y まで）を取り出して力の釣り合いを考える．材軸方向について，二つの横断面にはたらく引張力（T_x および $T_x + \mathrm{d}T_x$）と

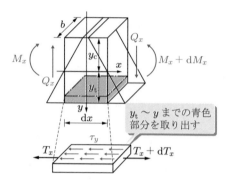

図 9.38　微小区間の両断面に生じる応力状態

y 位置の縦断面にはたらくせん断応力（τ_y）との釣り合いより，

$$T_x + \mathrm{d}T_x = T_x + \tau_y b\,\mathrm{d}x \tag{9.43}$$

となり，曲げ応力度と $\mathrm{d}A = b\,\mathrm{d}y$ から，断面に生じる力（T_x および $T_x + \mathrm{d}T_x$）は，

$$T_x = \int_y^{y_t} \frac{M_x}{I} y\,\mathrm{d}A, \qquad T_x + \mathrm{d}T_x = \int_y^{y_t} \frac{M_x + \mathrm{d}M_x}{I} y\,\mathrm{d}A \tag{9.44}$$

となる．式(9.43)と式(9.44)より，次式となる．

$$\tau_y b\,\mathrm{d}x = \int_y^{y_t} \frac{\mathrm{d}M_x}{I} y\,\mathrm{d}A \tag{9.45}$$

付録 B に示すように $\mathrm{d}M_x/\mathrm{d}x = Q_x$ であり，$\int_y^{y_t} y\,\mathrm{d}A = S_y$ は中立軸より y 離れている位置より下の部分の断面の中立軸まわりの断面一次モーメントであるから，式(9.45)は以下のように表せる．

$$\tau_y = \frac{1}{bI} \int_y^{y_t} \frac{\mathrm{d}M_x}{\mathrm{d}x} y\,\mathrm{d}A = \frac{Q_x S_y}{bI} \tag{9.46}$$

図 9.39 のような矩形断面（幅 $b \times$ 梁せい D）のせん断応力度分布を求めてみる．中立軸から y 離れている位置より下の部分に関する中立軸に関する断面一次モーメント

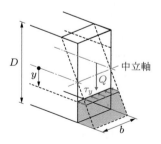

図 9.39　矩形断面に生じる応力状態

S_y は次式のように求めることができ，せん断応力度 τ_y は式(9.48)となる．ここで，A_y は中立軸から y 離れている位置より下の部分の面積であり，式(9.17)の関係を用いて計算する．

$$S_y = A_y \left\{ \left(\frac{D}{2} + y \right) \Big/ 2 \right\} = b \left(\frac{D}{2} - y \right) \frac{1}{2} \left(\frac{D}{2} + y \right)$$

$$= \frac{b}{2} \left\{ \left(\frac{D}{2} \right)^2 - y^2 \right\} \tag{9.47}$$

$$\tau_y = \frac{Q_x S_y}{bI} = Q_x \frac{b}{2} \left\{ \left(\frac{D}{2} \right)^2 - y^2 \right\} \Big/ \left(b \frac{bD^3}{12} \right)$$

$$= Q_x \frac{b}{2} \frac{12}{b^2 D^3} \left\{ \left(\frac{D}{2} \right)^2 - y^2 \right\}$$

$$= \frac{6Q_x}{bD^3} \left\{ \left(\frac{D}{2} \right)^2 - y^2 \right\} \tag{9.48}$$

上式は，τ_y は中立軸からの距離 y によって変化することを示しており，これを図示すると，図 9.40 のようになる．

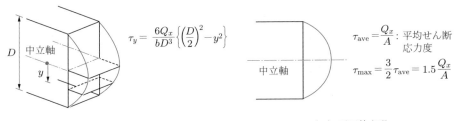

（a）立面的表現　　　　　　　（b）平面的表現

図 9.40 矩形断面に生じるせん断応力分布

一般的にせん断応力度は，Q/A によって評価される場合が多いが，厳密には，中立軸からの距離 y によって値が変化することに注意する．

せん断応力度 $\tau_{\max}$ がもっとも大きくなる位置は中立軸（$y = 0$）位置で，そのときの値は，次式からわかるように，平均せん断応力度 τ_{ave}（$= Q/A$）の 1.5 倍である．

$$\tau_0 = \frac{6Q_x}{bD^3} \left\{ \left(\frac{D}{2} \right)^2 - 0^2 \right\}$$

$$= \frac{6Q_x}{bD^3} \left(\frac{D}{2} \right)^2 = \frac{3}{2} \times \frac{Q_x}{bD} = \frac{3}{2} \times \frac{Q_x}{A} = 1.5 \tau_{\mathrm{ave}} \tag{9.49}$$

また，上式は，縁（$y = \pm D/2$）に生じるせん断応力度は 0 であり，断面の縁にはせ

ん断力が生じないことを示している.

例題 9.10 図 9.41 に示すように，長方
形断面の梁が単純支持されている．梁中
央に集中荷重 200 kN が作用した場合に
ついて，断面に生じる最大せん断応力度
$\tau_{\max}$ を求めよ．ただし，梁の自重は無視
するものとする.

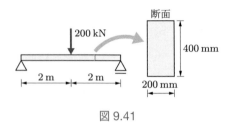

図 9.41

解 答 梁に生じるせん断力の最大値はせん断力図より $Q = 100 \, \text{kN}$ であり，式
(9.49)より以下のように求められる.

$$\tau_{\max} = 1.5 \frac{Q}{A} = 1.5 \times \frac{100 \times 10^3}{200 \times 400} = 1.875 \, \text{N/mm}^2$$

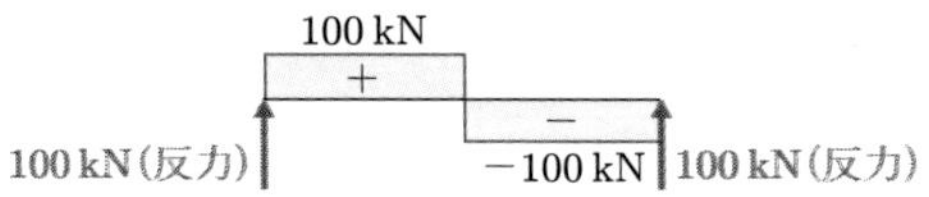

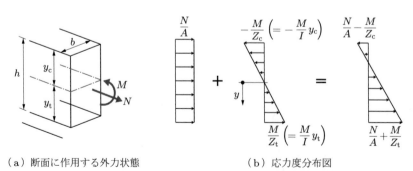

図 9.42　例題に対する解説図

■9.3.3　組み合わせ応力により生じる応力度

外力として軸方向力と曲げモーメントが同時に作用する部材について考える．図 9.43
のように，部材断面に生じる軸方向力を N，曲げモーメントを M とする．このとき生
じる垂直応力度は，重ね合わせの原理より，図(b)のように，軸方向力 N と曲げモー
メント M が別々に作用しているときの垂直応力度をそれぞれ求め，両者を足し合わ
せればよい.

（a）断面に作用する外力状態　　　　　　（b）応力度分布図

図 9.43　軸方向力と曲げモーメントが矩形断面に同時に作用する場合

$$\sigma = \pm \frac{N}{A} \pm \frac{M}{I} y \tag{9.50}$$

ここで，A は部材の断面積，I は曲げモーメントのみが作用する場合の中立軸に関する断面二次モーメントである（圧縮力を（−）としている）．

演習問題 ▶

9.1 長さ 5 m，断面積 $A = 300\,\mathrm{mm}^2$ の鋼の梁の両端を $200\,\mathrm{kN}$ の力で引張るとき，梁の垂直応力度と垂直ひずみ度はいくらか．また，梁全体の伸び δ を求めよ．ただし，梁のヤング係数は $E = 2.06 \times 10^5\,\mathrm{N/mm}^2$ とする．

9.2 図 9.44 に示す直径 100 mm，高さ 200 mm の円柱形のコンクリートに $100\,\mathrm{kN}$ の圧縮力を加えたとき，縦（材軸）方向に 0.1 mm 縮んで，横（直径）方向に 0.008 mm 伸びた．このときのコンクリートのヤング係数，このコンクリートのポアソン比を求めよ．

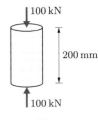

図 9.44

9.3 長方形断面（$b \times D = 50\,\mathrm{mm} \times 100\,\mathrm{mm}$）の梁にせん断力 80 kN が作用しているときに梁断面に生じる平均せん断応力度を求めよ．

9.4 図 9.45 に示すように，一辺が 100 mm の鋼製の立方体の上下面および左右面に 500 kN のせん断力を加えた場合の，せん断力による水平方向に生じる変形量 $\varDelta$ を求めよ．また，この鋼材のヤング係数 E も求めよ．ただし，この鋼材のせん断弾性係数は $G = 8.0 \times 10^4\,\mathrm{N/mm}^2$，ポアソン比は 0.28 とする．

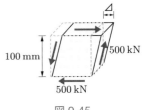

図 9.45

9.5 図 9.46 に示す H 形部材断面において，x 軸，y 軸に関する断面二次モーメントおよび断面係数を求めよ．

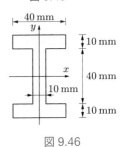

図 9.46

9.6 図 9.47 に示すような L 形断面の x 軸，y 軸に関する断面一次モーメントおよび図心を求めよ．さらに，図心位置に関する断面二次モーメントおよび断面係数を求めよ．

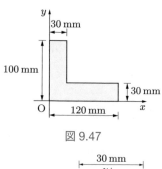

図 9.47

9.7 図 9.48 に示すような T 形断面の x 軸，y 軸に関する断面一次モーメントおよび図心を求めよ．さらに，図心位置に関する断面二次モーメントおよび断面係数を求めよ．

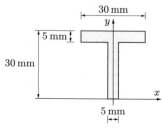

図 9.48

9.8 図 9.49 に示す 200 mm × 300 mm の矩形断面で長さ 5 m の梁が，単純支持されている．20 kN/m の等分布荷重が作用するとき，梁に生じる最大の縁応力度を求めよ．

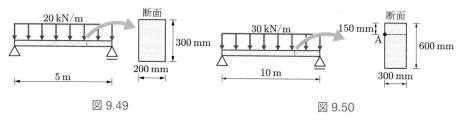

図 9.49   図 9.50

9.9 図 9.50 に示す 300 mm × 600 mm の矩形断面で長さ 10 m の梁が，単純支持されている．30 kN/m の等分布荷重が作用するとき，梁に生じる最大せん断応力度を求めよ．また，最大せん断応力度が生じる断面の点 A におけるせん断応力度も求めよ．

9.10 図 9.51 に示すように，軸方向力と曲げが同時に作用する部材の端部における縁応力度を求めよ．

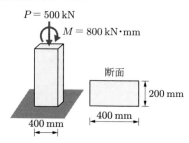

図 9.51

第10章

静定構造物の変形

前章で，構造物に荷重が作用すると構造部材に部材応力が生じ，部材断面内には応力度とひずみ度が生じることを説明した．ひずみが生じるとはつまり，構造物が変形することになる．ここでは，一つの部材からなる静定構造物について考える．3種類の応力，すなわち，軸方向力（軸力），せん断力および曲げモーメントに対応した変形量を求めてみよう．

10.1 ▶ 軸力による変形（軸変形）

長さ l，断面積 A の部材に材軸方向に荷重 N が作用すると，部材に軸力が発生し，**軸変形**（axial deformation）が生じる．図 10.1 は軸力が引張りの場合で，その軸変形は伸びである．なお，軸力が圧縮の場合は，軸変形は縮みとなる．

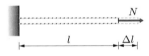

図 10.1 軸力による変形

軸変形量 Δl は，軸力が引張り，圧縮にかかわらず，式(9.4)，(9.10)より，つぎのように表せる．

$$\Delta l = \varepsilon l = \frac{\sigma}{E} l = \frac{N}{AE} l \tag{10.1}$$

ここで，ε はひずみ度，σ は応力度，E はヤング係数である．軸変形量 Δl は，軸力 N と部材の長さ l に比例し，断面積 A とヤング係数 E に反比例する．

10.2 ▶ 曲げモーメントによる変形（曲げ変形）

曲げモーメントによる変形を**曲げ変形**（bending deformation）という．

片持ち梁の先端に，集中荷重 P が作用する場合，図 10.2 に示すように，曲げ変形

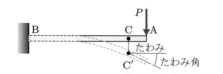

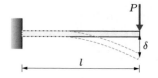

図 10.2 曲げモーメントによる片持ち梁の変形　　図 10.3 片持ち梁の先端部たわみ

による梁材のある一点 C における鉛直方向の変位量（C–C′）を**たわみ**（deflextion）という．また，点 C′ における接線の傾きを**たわみ角**（slope angle of deflextion）（回転角 rotation angle ともよぶ）という．

　たとえば，図 10.3 に示す長さ l の片持ち梁の先端に，集中荷重 P が作用する場合の先端のたわみ δ は，つぎのようになる．（詳細は例題 10.1 参照）

$$\delta = \frac{Pl^3}{3EI} \tag{10.2}$$

ここで，I は断面二次モーメント，E はヤング係数である．

　このようにたわみは，荷重 P と部材長さ l の 3 乗に比例し，ヤング係数 E と断面二次モーメント I に反比例する．曲げ変形の式には，梁の形式や荷重の種類にかかわらず，分母にヤング係数 E と断面二次モーメント I を乗じた EI があるが，これを材料と断面形状から決まる**曲げ剛性**（flexural rigidity）とよぶ．

10.3 ▶ せん断力による変形

　長さ l の片持ち梁の先端に，集中荷重 P が作用する場合，曲げ変形のほかに，図 10.4 に示す**せん断変形**も生じる．せん断変形によるたわみはつぎのように求められる．せん断応力度 τ とせん断ひずみ度 γ の関係は，次式のようになる．

$$\tau = G\gamma \tag{10.3}$$

ここで，G はせん断弾性係数で，式(9.12)に示したように，ヤング係数 E と $G = E/2(1+\nu)$ の関係がある．ν はポアソン比である（9.1.4 項 (2) 参照）．図 10.4 から，せん断ひずみ度 γ はつぎのように表される．

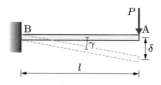

図 10.4 せん断力による片持ち梁の変形

$$\gamma = \frac{\delta}{l} \tag{10.4}$$

図 10.3 の片持ち梁の場合, 部材全長にわたってせん断力は $Q = P$ と一定であるので, せん断変形によるたわみ δ は, せん断ひずみ度 γ に全長 l を乗じて次式で表される.

$$\delta = \gamma l = \frac{\tau}{G} l = \frac{l}{GA} Q \tag{10.5}$$

上式はせん断応力度が断面内で一定の条件で導いたが, 9.3.2 項で説明したように, せん断応力度は断面内で一定の値とはならない. せん断変形へのこの影響を考慮するのがせん断補正係数 $\overset{\text{カッパ}}{\kappa}$ であり, たわみ δ は以下のように補正される (II 巻 1.1 節参照). κ の値は, 長方形断面の場合 $\kappa = 1.2$, 円形断面の場合 $\kappa = 1.18$ である.

$$\delta = \kappa \frac{l}{GA} Q \tag{10.6}$$

せん断変形 δ は, せん断力 Q と部材長さ l に比例し, せん断弾性係数 G と断面積 A に反比例する.

10.4 ▶ 梁のたわみ

　構造物に外力が作用すると, 部材に生じる力とともに変形が発生する. 変形は, 構造設計時のたわみの確認や, 不静定構造物の計算時にも利用される. ここでは, 外力とたわみ・たわみ角との関係について学ぼう.

■10.4.1 たわみとたわみ角
　図 10.5 に示すように, 集中荷重を受ける単純梁の曲げ変形状態を考える.
　材に沿った座標を x とし, これを材軸とよぶ. 曲げによって, 梁は図 10.5 (b) のように変形する. この変形した材において, ある点での材に直交する鉛直下方への動き $\delta(x)$ を**たわみ** (deflection), もしくは**変位**, **変形**とよぶ. 材軸に対する角度 $\theta(x)$ を**たわみ角** (angle of deflection), **変形角**あるいは**回転角**とよぶ. 角度の単位は [radian] あるいは略して [rad] である. 以降, それぞれを「たわみ」と「たわみ角」とよぶこととする. たわみとたわみ角の間には次式の関係がある.

$$\theta(x) = \frac{\mathrm{d}\delta(x)}{\mathrm{d}x} \tag{10.7}$$

ここで, たわみ $\delta(x)$ の正方向は下向き, たわみ角 $\theta(x)$ の正方向は時計まわりで考える. 図 10.5 の単純梁の例では, たわみ $\delta(x)$ は全区間で正となるが, たわみ角 $\theta(x)$ は最大たわみ点をはさんで正負の値をとる. なお, たわみ曲線において, 最大となる位

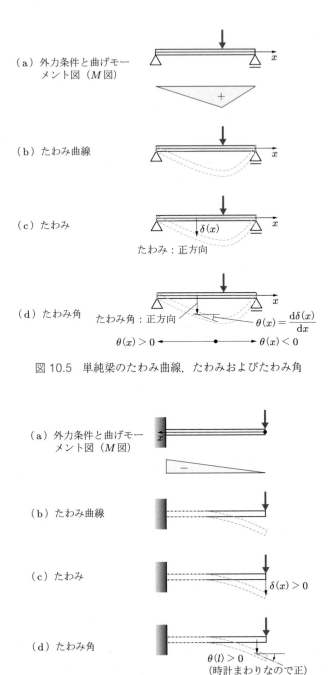

（a）外力条件と曲げモー
　　メント図（M図）

（b）たわみ曲線

（c）たわみ

たわみ：正方向

（d）たわみ角

たわみ角：正方向

$\theta(x) = \dfrac{\mathrm{d}\delta(x)}{\mathrm{d}x}$

$\theta(x) > 0$　　　　　　　　$\theta(x) < 0$

図 10.5　単純梁のたわみ曲線，たわみおよびたわみ角

（a）外力条件と曲げモー
　　メント図（M図）

（b）たわみ曲線

（c）たわみ

$\delta(x) > 0$

（d）たわみ角

$\theta(l) > 0$
（時計まわりなので正）

図 10.6　片持ち梁のたわみ曲線，たわみおよびたわみ角

置は荷重作用点の位置からずれている.

　図 10.6 の片持ち梁の例では, たわみ角 $\theta(x)$ は正となる. この場合, たわみ $\delta(x)$, たわみ角 $\theta(x)$ ともに梁先端で絶対値が最大となる. しかし, 梁先端部で壊れるわけではない. 片持ち梁の先端に荷重を作用させていった場合, 最初に壊れるのは, 曲げモーメントの応力が最大となる箇所, つまり, 固定端の根本である. すなわち, ある特定点たわみ $\delta(x)$ とたわみ角 $\theta(x)$ だけでは, 材の曲がり具合を表現する指標としては不十分であることになる.

　また, たわみ角に付随して梁の変位は生じることがある. 図 10.7 に示すモーメント荷重が作用する梁で, BC 間の張り出した部分では, 部材自体のたわみはないが, 点 B のたわみ角 θ によって, 張り出した部分の先端 C で変位が生じる. このときの点 C の変位 δ_C は次式で示される.

$$\delta_C = l \sin\theta \fallingdotseq l\theta \tag{10.8}$$

ここで, θ が小さい場合に成立する, $\sin\theta \fallingdotseq \theta$ の関係を用いている. θ の単位は [rad] である.

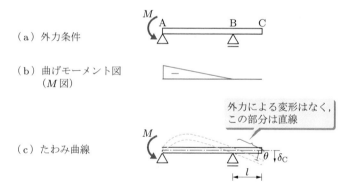

図 10.7　跳出し梁におけるたわみ角によって生じる変位

■10.4.2　たわみ曲線 (弾性曲線)

　断面の一様な梁に曲げモーメント M が生じるとき, 9.3 節で学んだように, 梁の中立軸は円弧状に曲げられ, その曲率を ϕ, 曲率半径を ρ, 断面の中立軸に関する断面二次モーメントを I, 材料のヤング係数を E とすれば,

$$\phi = \frac{1}{\rho} = \frac{M}{EI} \tag{10.9}$$

の関係が式(9.37)として, すでに得られている. 上式は, 梁のたわみを求めるための

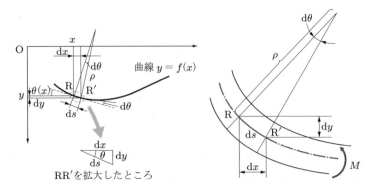

図 10.8　曲線 $y(= \delta(x)) = f(x)$ における曲率および曲率半径の座標軸 x, y 関係

基礎式である．この変形した軸の形を**たわみ曲線**（deflection curve）または**弾性曲線**（elastic curve）という．曲率は材の曲がり具合を表現するものであり，曲率が大きいほど材の曲がり具合が大きいということになる．図 10.8 はたわみ曲線の一部を示している．

曲率半径 $\rho(x)$ あるいは曲率 $1/\rho(x)$ を直角座標 x, y で表せば，曲げモーメントによる部材の変形曲線，すなわち弾性たわみ曲線 $y(= \delta(x)) = f(x)$ が得られる．

図 10.8 に示したような座標軸 x, y と曲線 $y(= \delta(x)) = f(x)$ を考える．点 R（x, y）の位置で接線を引き，x 軸とのたわみ角を $\theta(x)$ とする．点 R から曲線に沿って微小な距離 ds の点 R$'$（$x + dx$, $y + dy$）での接線の方向が $d\theta$ だけ変化したとすれば，ds の両端での二本の接線に対する垂線も $d\theta$ の角度をもち，ある一点で交わる．その交点までの垂線の長さを ρ とすれば，区間 ds は半径 ρ の円と同じ曲率をもつ曲線とみなすことができる．したがって，ρ は区間 ds の曲率半径であり，$|ds| = \rho|d\theta|$ の関係が成り立つ．曲線に沿ったたわみ角 $\theta(x)$ の変化率は，曲率を使って以下のように表せる．

$$\left| \frac{d\theta(x)}{ds} \right| = \frac{1}{\rho(x)} \tag{10.10}$$

また，弾性変形であるので，変形量は非常に小さいものとして，$ds \fallingdotseq dx$，$\tan\theta \fallingdotseq \theta$ とみなすことができる．さらに，ds，dx，dy の間には，図 10.8 に示したように曲線 ds を近似的に直線とみなすことができるので，

$$\tan\theta \fallingdotseq \theta \fallingdotseq \frac{dy}{dx} \tag{10.11}$$

$$\frac{d\theta(x)}{ds} \fallingdotseq \frac{d\theta(x)}{dx} = \frac{d(dy/dx)}{dx} = \frac{d^2 y}{dx^2} \tag{10.12}$$

となる．これらの式を整理し，式(10.9)を考慮すると，

$$\left|\frac{\mathrm{d}^2 y}{\mathrm{d}x^2}\right| = \left|\frac{\mathrm{d}\theta(x)}{\mathrm{d}x}\right| = \frac{1}{\rho(x)} = \frac{M}{EI} \tag{10.13}$$

が得られる．よって，次式となる．

$$\frac{\mathrm{d}^2 y}{\mathrm{d}x^2} = \pm\frac{M}{EI} \tag{10.13$'$}$$

　ここで，右辺の符号 ± は，座標軸 x, y の向きと曲げモーメント M のつけ方によって決まることを意味している．$\mathrm{d}^2 y/\mathrm{d}x^2$ の値は，数学で学んだように，2 次の導関数で，曲線の形が下に凸（+）か，上に凸（−）かを意味する．図 10.8 では，y 座標を下向きにとっているので，$\mathrm{d}^2 y/\mathrm{d}x^2$ の符号は曲線が下向きに凸となる場合，負（−）になる．一方，曲げモーメントの符号は，梁を下に凸（下側が引張状態）とする方向に作用する場合，正（+）になる．

　以上の符号を整合させるためには，$\mathrm{d}y^2/\mathrm{d}x^2 = \pm M/EI$ の右辺の符号として「−」をとらなければならない．したがって，次式が得られる．

$$\frac{\mathrm{d}^2 y}{\mathrm{d}x^2} = -\frac{M}{EI} \tag{10.14}$$

　上式の左辺は微分した形で表され，**たわみ曲線の微分方程式**とよぶ．一般に $M(x)/EI$ は x の関数であるので，曲げモーメントの分布 $M(x)$ がわかると，式(10.14)を積分すれば梁のたわみ角 $\theta(x)$，

$$\theta(x) = \frac{\mathrm{d}y}{\mathrm{d}x} = -\int \frac{M(x)}{EI_n}\mathrm{d}x + C_1 \tag{10.15}$$

を求められ，上式をさらに積分すれば梁のたわみ $\delta(x)$ を求めることができる．

$$\delta(x) = -\int \left(\int \frac{M(x)}{EI_n}\mathrm{d}x\right)\mathrm{d}x + C_1 x + C_2 \tag{10.16}$$

C_1, C_2 は積分定数であり，梁の境界条件（支点の変形の拘束条件，部材の連続条件）から決定される．

　図 10.9 に単純梁，片持ち梁，跳出し梁の境界条件を例示する．

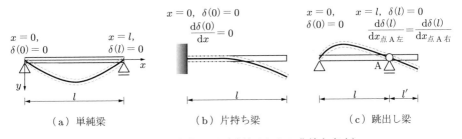

図 10.9　境界条件の例（破線はたわみ曲線を表す）

(a) 単純梁：両端（$x = 0$ および $x = l$）のとき，ピン支点ではたわみが 0 なので，$\delta(0) = \delta(l) = 0$ となる.

(b) 片持ち梁：固定端（$x = 0$）では，たわみもたわみ角も生じないので，$\delta(0) = 0$，$\theta(0) = 0$ となる.

(c) 跳出し梁：支点位置の拘束条件は単純梁と同じとなるが，加えて，張り出した部分の点 A で，部材が剛接して連続に繋がっているために，点 A では，たわみ角が左右で等しいという条件を用いる.

■梁のたわみ計算手順
① 曲げモーメント $M(x)$ の式を求める.
② 式(10.15)のたわみ（弾性）曲線式に代入して積分することで，たわみ $\delta(x)$ の一般解を求める.
③ 境界条件（拘束条件・対称条件）を利用して積分定数を求める.
④ たわみ $\delta(x)$，たわみ角 $\delta(x)$ の式を求め，求めたい位置 (x) を式に代入する.

例題 10.1　図 10.10 に示すように，梁先端に集中荷重が作用する片持ち梁について，梁先端のたわみとたわみ角を求めよ.

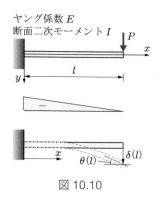

図 10.10

解 答　図 10.10 に示すように，x 軸と y 軸をとり，梁固定端を $x = 0$ とする. 曲げモーメントの式 $M(x)$ は以下のように表せる.

$$M(x) = -P(l - x)$$

これを式(10.14)に代入する.

$$\frac{\mathrm{d}^2 \delta(x)}{\mathrm{d}x^2} = -\frac{M(x)}{EI} = -\frac{-P(l - x)}{EI}$$

となり，上式を積分すると，たわみ角 $\theta(x)$ とたわみ $\delta(x)$ はつぎのように得られる.

$$\theta(x) = \frac{Pl}{EI}x - \frac{P}{2EI}x^2 + C_1$$

$$\delta(x) = \frac{Pl}{2EI}x^2 - \frac{P}{6EI}x^3 + C_1 x + C_2$$

ここで，C_1，C_2 は積分定数である．境界条件として，固定端 $(x = 0)$ では，たわみ角 $\theta(0)$，たわみ $\delta(0)$ ともに 0 となるので，

$$C_1 = 0, \qquad C_2 = 0$$

となる．したがって，たわみとたわみ角の式はつぎのようになる．

$$\theta(x) = \frac{Pl}{EI}x - \frac{P}{2EI}x^2$$

$$\delta(x) = \frac{Pl}{2EI}x^2 - \frac{P}{6EI}x^3$$

よって，梁先端部のたわみとたわみ角は $x = l$ を代入して，つぎのようになる．

$$\theta(l) = \frac{Pl^2}{2EI}, \qquad \delta(l) = \frac{Pl^3}{3EI}$$

■10.4.3 モールの定理を用いた梁のたわみ

たわみ曲線式を利用してたわみやたわみ角を計算したが，たわみ曲線式と応力間の関係式の相似性を利用してもたわみを求めることができる．

付録 B の式(B.9)から，梁の曲げモーメント $M(x)$ と分布荷重 $w(x)$ には，つぎのような関係がある．

$$\frac{\mathrm{d}^2 M(x)}{\mathrm{d}x^2} = -w(x) \tag{10.17}$$

上式と，以下に再掲する式(10.4)のたわみ曲線式を比較すると，式の形が同じであることがわかる．

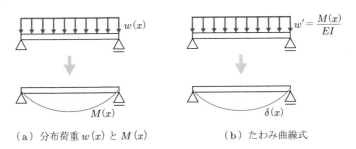

(a) 分布荷重 $w(x)$ と $M(x)$ 　　　 (b) たわみ曲線式

図 10.11 モールの定理の原理

$$\frac{\mathrm{d}^2\delta(x)}{\mathrm{d}x^2} = -\frac{M(x)}{EI} \tag{10.18}$$

したがって，図 10.11 に示すように，分布荷重 $w(x)$ を $M(x)/EI$ に置き換えた仮想荷重 $w' = M(x)/EI$ を考え，この w' からモーメントを計算する方法を適用すれば，次式のようにたわみ $\delta(x)$ を求めることができる．

$$\frac{\mathrm{d}^2\delta(x)}{\mathrm{d}x^2} = \frac{\mathrm{d}}{\mathrm{d}x}\left(\frac{\mathrm{d}y}{\mathrm{d}x}\right) = \frac{\mathrm{d}\theta}{\mathrm{d}x} = -\frac{M(x)}{EI} \tag{10.19}$$

$$\frac{\mathrm{d}^2M(x)}{\mathrm{d}x^2} = \frac{\mathrm{d}}{\mathrm{d}x}\left(\frac{\mathrm{d}M}{\mathrm{d}x}\right) = \frac{\mathrm{d}Q}{\mathrm{d}x} = -\omega \tag{10.20}$$

式 (10.19) と式 (10.20) を比較すると，$y \Leftrightarrow M$，$\theta \Leftrightarrow Q$，$-M(x)/EI \Leftrightarrow -w$ がそれぞれ対応していることがわかる．すなわち，曲げモーメント M を EI で除した値を仮想荷重として梁に作用させると，これから求めたせん断力 Q がたわみ角 $\theta(x)$，曲げモーメント M がたわみ $\delta(x)$ に対応する．これを**モールの定理**（Mohr's theorem）という．モールの定理の利点は，微分方程式の解を求める必要がなく，特定の点のたわみやたわみ角を比較的簡単に計算できる場合が存在することである．

[補足]

　単純梁の場合，同じ支持条件の単純梁に仮想荷重を作用させることにより，たわみ角とたわみを求めることができる．しかし，幾何学的な境界条件と力学的な境界条件は必ずしも一致しないために，モールの定理を利用するにあたり，境界条件を修正した梁に仮想荷重を作用させる必要がある．これを**共役ばり**とよぶ．通常，与えられた梁から共役ばりを考え出さなければならないが，一般的には構造は表 10.1 に示すような対応関係があるので，覚えておくとよい．表 10.1 は，与えられた梁と共役ばりの支

表 10.1　支点条件の対応関係

与えられた梁			共役ばり		
固定端		$v = 0$ $\theta = 0$	$\overline{M} = 0$ $\overline{Q} = 0$		自由端
ヒンジ端		$v = 0$ $\theta \neq 0$	$\overline{M} = 0$ $\overline{Q} \neq 0$		ヒンジ端
自由端		$v \neq 0$ $\theta \neq 0$	$\overline{M} \neq 0$ $\overline{Q} \neq 0$		固定端
中間支点		$v = 0$ $\theta_1 = \theta_2$	$\overline{M} = 0$ $\overline{Q}_1 = \overline{Q}_2$		中間ヒンジ
中間ヒンジ		$v_1 = v_2$ $\theta_1 \neq \theta_2$	$\overline{M}_1 = \overline{M}_2$ $\overline{Q}_1 \neq \overline{Q}_2$		中間支点

点条件の対応関係をまとめたものである.

　これらを組み合わせて下記のルールにより，与えられた梁から共役ばりをつくることができる.

■モールの定理の適用

① 外力に対する静定梁の曲げモーメント $M(x)$ を求める.

② $M(x)/EI = \omega'$ を仮想の分布荷重として，図 10.12 に示すように，支点条件を入れ替えた梁を考える.

③ 仮想の分布荷重としたときの曲げモーメント $M(x)'$ を算定する．これが，実際の梁のたわみ $\delta(x)$ になる.

④ 仮想の分布荷重としたときのせん断力 $Q(x)'$ を算定する．これが，実際の梁のたわみ角 $\theta(x)$ になる.

支点条件の対応関係例

　（a）ピン支点やローラー支点 → そのまま入れ替えない

　（b）固定端 → 自由端，自由端 → 固定端

　（c）連続梁支点 → ピン接合点，ピン接合点 → 連続梁支点

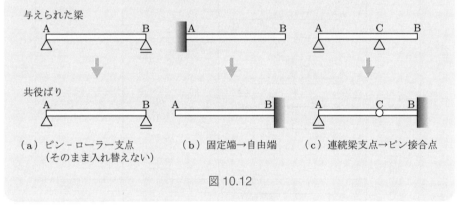

図 10.12

　以上，梁が変形するときのたわみとたわみ角の求め方について学んできた．よく使われる荷重状態の場合のたわみとたわみ角を表 10.2 に示す.

表 10.2　曲げ変形によるたわみ公式

	荷重曲げモーメント図	たわみ角 θ	たわみ δ
片持ち梁の場合		$\theta_{\mathrm{B}} = \dfrac{Pl^2}{2EI}$	$\delta_{\mathrm{B}} = \dfrac{Pl^3}{3EI}$
片持ち梁の場合		$\theta_{\mathrm{B}} = \dfrac{wl^3}{12EI}$	$\delta_{\mathrm{B}} = \dfrac{wl^4}{15EI}$
単純梁の場合		$\theta_{\mathrm{A}} = \dfrac{Pl^2}{16EI}$	$\delta_{\mathrm{C}} = \dfrac{Pl^3}{48EI}$
単純梁の場合		$\theta_{\mathrm{A}} = \dfrac{wl^3}{24EI}$	$\delta_{\mathrm{C}} = \dfrac{5wl^4}{384EI}$

注）たわみ角 θ の向きは時計まわりを正とする.
　　たわみ δ は下方向を正とする.
　　E は部材のヤング係数，I は部材の断面二次モーメントを示す.

例題 10.2 図 10.13 に示すように，梁先端に集中荷重が作用する片持ち梁について，モールの定理により梁先端のたわみ $\delta(0)$ とたわみ角 $\theta(0)$ を求めよ．

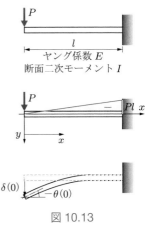

図 10.13

解 答 図 10.14(a) に示すように，x 軸と y 軸をとり，梁先端を $x = 0$ とする．曲げモーメントの式 $M(x)$ は

$$M(x) = -Px$$

と表せ，仮想荷重は以下のようになる．

$$w'(x) = \frac{M(x)}{EI} = -\frac{P}{EI}x$$

また，表 10.1 に示したように，支点条件を入れ替える．この問題では，自由端 → 固定端，固定端 → 自由端に入れ替える．固定端のせん断力は全荷重の反力である．

全荷重は分布荷重の面積に相当するので，

$$Q_0 = -\frac{Pl}{EI} \times \frac{l}{2} \qquad \therefore \theta(0) = -\frac{Pl^2}{2EI}$$

となり，固定端の曲げモーメントはつぎのようになる．

$$M_0 = \frac{Pl^2}{2EI} \times \frac{2}{3}l \qquad \therefore \delta(0) = \frac{Pl^3}{3EI}$$

なお，仮想荷重によるせん断力図（Q 図）と，曲げモーメント図（M 図）は図 10.14(b)，(c) のように表せる．

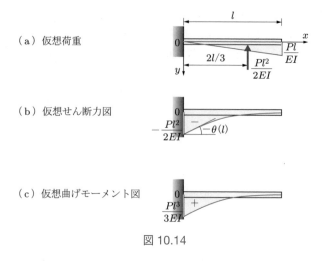

（a）仮想荷重

（b）仮想せん断力図

（c）仮想曲げモーメント図

図 10.14

演習問題 ▶

10.1 図 10.15 に示すように，分布荷重が作用する単純梁のた
わみ曲線式を求めよ．ただし，部材のヤング係数 E は $2.0 \times 10^5\,\mathrm{N/mm^2}$，断面二次モーメント I は $3.0 \times 10^8\,\mathrm{mm^4}$ とする．

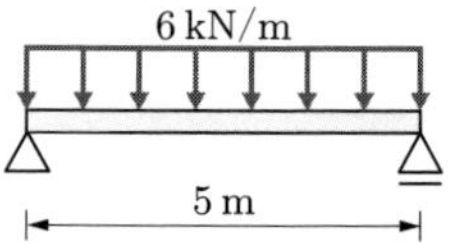

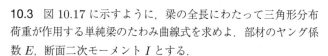

6 kN/m

5 m

図 10.15

10.2 図 10.16 に示すように，梁の自由端にモーメント荷重
M_0 が作用するときの片持ち梁のたわみ曲線式を求めよ．部
材のヤング係数 E，断面二次モーメント I とする．

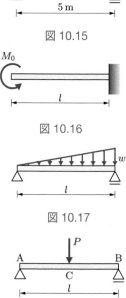

M_0

l

図 10.16

10.3 図 10.17 に示すように，梁の全長にわたって三角形分布
荷重が作用する単純梁のたわみ曲線式を求めよ．部材のヤング係
数 E，断面二次モーメント I とする．

w

l

図 10.17

10.4 図 10.18 に示すように，長さ l の単純梁に集中荷重 P が
作用する場合について，梁端部点 A のたわみ角と中央部点 C の
たわみをモールの定理により求めよ．ただし，梁の曲げ剛性 EI
は一定値とする．

P

A　　　　　　B
C

l

図 10.18

10.5 図 10.19 に示すように，梁端部点 B にモーメント荷重 80 kN·m を受ける単純梁の梁端部点 A のたわみ角と中央部点 C のたわみをモールの定理により求めよ．ただし，梁の断面二次モーメント $I = 1.0 \times 10^8\,\mathrm{mm^4}$，ヤング係数 $E = 2.0 \times 10^5\,\mathrm{N/mm^2}$ とする．

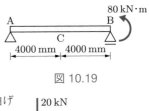

図 10.19

10.6 図 10.20 に示すように，片持ち梁の自由端 A における曲げモーメントによるたわみをモールの定理により求めよ．ただし，EI の値は，$1.00 \times 10^5\,\mathrm{kN·m^2}$ とする．

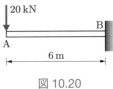

図 10.20

付録 A

数値計算における有効桁数

1.3 節で触れたように，実際の構造計算では有効数字どうしで計算することが一般的である．参考にこのような場合の計算方法を説明しよう．

A.1 ▶ 有効桁数を考慮した加減算

ものを測ったときの計測結果の捉え方について確認する．たとえば，小数点以下 1 桁まで測定できる体重計で計った体重 W が「60.0 kg」と表示された場合，W は以下の範囲となる．したがって，小数点以下 2 桁目は意味がない．

$$59.95\,\text{kgf} \leqq W < 60.05\,\text{kgf}$$

それでは，小数点以下 2 桁まで測定できる体重計で計った体重が「60.00 kg」と表示された場合はどうだろうか．このとき，体重 W は以下の範囲となり，小数点以下 3 桁目は意味がない．

$$59.995\,\text{kgf} \leqq W < 60.005\,\text{kgf}$$

このように，小数点以下の 0 の付け方（0 の数）によってその数値のもつ意味は異なったものになることに注意しよう．なお，有効数字で意味のある桁数を有効桁数といい，「60.0 kgf」と表せば有効桁数は 3，「60.00 kgf」と表せば有効桁数は 4 である．

3 人の体重をそれぞれ異なる体重計で計測し，その合計を求める場合を考える．たとえば，計測結果が①62.15 kgf，②65.4 kgf，③52 kgf であったとし，これらを単純に合計すると以下のようになる．

$$62.15 + 65.4 + 52 = 179.55\,\text{kgf}$$

しかし，以上の計測値では①は小数点以下 2 桁，②は小数点以下 1 桁まで意味があるが，③は小数点以下には意味がないため，③に合わせて計算結果を小数第一位で四捨五入する必要がある．すなわち，以下のように表記することが適当である．

$$62.15 + 65.4 + 52 = 179.55\,\text{kgf} \quad \rightarrow \quad 180\,\text{kgf} \quad \rightarrow \quad 1.80 \times 10^2\,\text{kgf}$$

有効数字どうしの加減算では，下一桁の位取りがもっともあらい数字（上記の計算では③の一の位）に合わせて計算結果を四捨五入する．なお，はじめから③に合わせて他の数値を四捨五入すると以下のようになる．

$$62 + 65 + 52 = 179\,\mathrm{kgf}$$

このように，計算結果に誤差が生じることがあるため，計算途中で四捨五入することは避けるようにする．

A.2 ▶ 有効桁数を考慮した乗除算

体積 $0.1918\,\mathrm{m}^3$（有効数字 4 桁），質量 $1.51\,\mathrm{t}$（有効数字 3 桁）の鋼球の密度 d（単位体積あたりの質量）を計算する場合を考える．この値は以下のようになる．

$$d = \frac{1.51 \times 10^3\,\mathrm{kg}}{0.1918\,\mathrm{m}^3} = 7.872784\ldots \times 10^3\,\mathrm{kg/m}^3$$

しかし，以上の数値では体積の有効数字は 4 桁，質量の有効数字は 3 桁であるため，有効桁数が 3 桁となるよう計算結果を四捨五入する必要がある．すなわち，以下のように表記することが適当である．

$$d = 7.872784\cdots \times 10^3\,\mathrm{kg/m}^3 \quad \rightarrow \quad 7.87 \times 10^3\,\mathrm{kg/m}^3$$

有効数字どうしの乗除計算では，一番桁数が小さい有効数字（上記の計算では重量の 3 桁）に合わせて計算結果を四捨五入する．

以上は有効数字が指定された数値どうしの計算であるが，円周率（$\pi = 3.14159265\ldots$）のように有効桁数を任意に設定できる場合をつぎに考える．たとえば，直径 $d = 15.36\,\mathrm{mm}$（有効数字 4 桁）の鋼球の体積 V を計算する場合，円周率を 3.142 として計算すると，計算結果は有効数字 4 桁で表記するのが適当である．ここで，半径 $r = d/2$ とする．

$$V = \frac{4\pi r^3}{3} = \frac{\pi d^3}{6} = \frac{3.142 \times 15.36^3}{6}$$
$$= 1897.70445\ldots\mathrm{mm}^3 \quad \rightarrow \quad 1.898 \times 10^3\,\mathrm{mm}^3$$

また，円周率を 3.14 として計算すると，計算結果は有効数字 3 桁で表記するのが適当であり，以下のようになる．

$$V = \frac{4\pi r^3}{3} = \frac{\pi d^3}{6} = \frac{3.14 \times 15.36^3}{6}$$
$$= 1896.49649\ldots\mathrm{mm}^3 \quad \rightarrow \quad 1.90 \times 10^3\,\mathrm{mm}^3$$

付録 B
微分・積分関係を用いた応力計算

　切断面での力の釣り合いを考えなくても，応力を計算できる方法がある．ここでは，その方法を紹介する．本方法を習得すると，格段に早く計算できるばかりでなく，応力の計算結果の検算も容易になる．

B.1 ▶ 分布荷重と，せん断力，モーメントの関係

　図 B.1 に示すように，梁の微小な部分 $\mathrm{d}x$ を取り出して，この部分の応力の釣り合いを考える．この微小部分には応力として，せん断力 Q，曲げモーメント M が作用し，外力として分布荷重 $w(x)$ が作用するものとする．

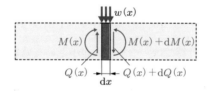

図 B.1　微小部分の釣り合い

　この微小部分のせん断力の釣り合いからつぎの関係が成立する．

$$Q(x) - w(x)\mathrm{d}x - (Q(x) + \mathrm{d}Q(x)) = 0 \tag{B.1}$$

ここで，$Q(x)$ は取り出した部分の左側に作用するせん断力，$Q(x) + \mathrm{d}Q(x)$ は右側に作用するせん断力である．$\mathrm{d}Q(x)$ は $\mathrm{d}x$ だけ変位が進んだ位置の $Q(x)$ の変化を表す．式(B.1)からつぎの関係が成立する．

$$\mathrm{d}Q(x) = -w(x)\mathrm{d}x \tag{B.2}$$

上式を変形すると，次式の関係が得られる．

$$\frac{\mathrm{d}Q(x)}{\mathrm{d}x} = -w(x) \tag{B.3}$$

　上式は「せん断力を x で微分した値は，その位置に作用する分布荷重になる」こと

を表しており，ここから「分布荷重が存在しない場合，せん断力は一定値となる」ことがわかる．

式(B.3)を積分すると次式の関係が得られる．

$$Q(x) = -\int w(x)\mathrm{d}x + C \tag{B.4}$$

上式は，「$-1 \times$ 分布荷重を積分した値はせん断力となる」ことを表している．ここで，C は積分定数である．

つぎに，図 B.1 に示したモーメントの釣り合いから，つぎの関係が成立する．ここで，モーメントを計算する基準点は微小部分の左側の面とした．

$$M(x) + (Q(x) + \mathrm{d}Q(x))\mathrm{d}x + w(x)\mathrm{d}x\frac{\mathrm{d}x}{2} - (M(x) + \mathrm{d}M(x)) = 0 \tag{B.5}$$

したがって，次式の関係が得られる．

$$\frac{\mathrm{d}M(x)}{\mathrm{d}x} = Q(x) + \mathrm{d}Q(x) + w(x)\frac{\mathrm{d}x}{2} \tag{B.6}$$

右辺の第 2 項と第 3 項は $Q(x)$ に対して微小のため無視できるため，次式となる．

$$\frac{\mathrm{d}M(x)}{\mathrm{d}x} = Q(x) \tag{B.7}$$

上式は，「曲げモーメントを x で微分した値は，その位置のせん断力となる」ことを表しており，ここから「せん断力が 0 なら，曲げモーメントは一定値となる」ことがわかる．式(B.7)を積分すると次式の関係が成立する．

$$M(x) = \int Q(x)\mathrm{d}x + C \tag{B.8}$$

上式は，「せん断力を積分した値は，曲げモーメントとなる」ことを表している．つまり，Q 図の面積が曲げモーメントに相当する．

以上に示した「分布荷重と，せん断力，曲げモーメントの関係式」は，部材内部に発生する応力の関係式としてきわめて重要である．

なお，図 B.1 において x 座標系は右向きにとっている．反対に，左向きに x 座標をとると，つぎの関係が成立するので注意してほしい（符号が逆転することになる）．

$$\frac{\mathrm{d}Q(x)}{\mathrm{d}x} = w(x), \qquad \frac{\mathrm{d}M(x)}{\mathrm{d}x} = -Q(x) \tag{B.9}$$

これは，図 B.1 において左向きの座標系を考えて，応力の釣り合いを考えることで容易に求めることができる．

B.2 ▶ 集中荷重が作用する位置での応力の関係式

図 B.2 に示すように，部材のある位置に集中荷重 P が作用するとき，この作用点を含む微小部分を取り出して応力の釣り合いを考える．微小部分の右側に作用するせん断力を $Q_{右側}$，左側に作用するせん断力を $Q_{左側}$ とすると，次式の釣り合いが成立する．

$$Q_{左側} + P - Q_{右側} = 0 \tag{B.10}$$

よって，

$$Q_{右側} = Q_{左側} + P \tag{B.11}$$

となる．上式は「集中荷重 P の作用点位置で，せん断力 Q は左から右に向って P だけ変化する」ことを表している．

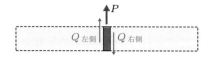

図 B.2　集中荷重の作用点でのせん断力の釣り合い

図 B.2 の関係を単純梁の左側の支点に適用してみよう．この場合には，$Q_{左側} = 0$，$P = $ 支点反力となるので，つぎの関係が成立する．

$$Q_{右側} = P\,(支点反力) \tag{B.12}$$

一方，右端の支点では，$Q_{右側} = 0$，$P = $ 支点反力となるので，つぎのようになる．

$$Q_{左側} = -P\,(支点反力) \tag{B.13}$$

以上の関係は，「単純梁の両端の支点位置では，部材に発生するせん断力 Q は支点反力の値と一致する」ことを表している．ただし，右端の支点では符号が反転するので注意してほしい．

同様に，図 B.3 に示すように，部材のある位置にモーメント荷重 M が作用するとき，この作用点を含む微小部分を取り出して応力の釣り合いを考える．微小部分の右側に作用する曲げモーメントを $M_{右側}$，左側に作用する曲げモーメントを $M_{左側}$ とすると，つぎの釣り合いが成立する．

$$M_{左側} + M - M_{右側} = 0 \tag{B.14}$$

よって，次式が得られる．

図 B.3 集中荷重の作用点での曲げモーメントの釣り合い

$$M_{右側} = M_{左側} + M \tag{B.15}$$

上式は,「モーメント荷重 M の作用点位置で,曲げモーメントは左から右に向って M だけ変化する」ことを表している.

B.3 ▶ 応力の計算方法

　図 B.4 に示すような,分布荷重 w が一様に作用する単純ばりを例に応力を計算する方法を説明する.

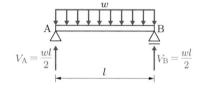

図 B.4 分布荷重が作用する単純ばり

▶ 支点反力:両端の支点反力は $wl/2$ となる.

▶ せん断力:式(B.4)を用いて分布荷重 w を積分してせん断力を求めてみよう.ここで,x は支点 A から計算位置までの距離であり,C は積分定数である.

$$Q(x) = -\int w\,\mathrm{d}x + C = -wx + C \tag{B.16}$$

　式(B.12)に示したように,支点 A では「せん断力は支点反力の値と一致する」ことから,つぎの条件が与えられる.

$$Q(0) = -w \times 0 + C = \frac{wl}{2} \tag{B.17}$$

よって,$C = wl/2$ となり,せん断力はつぎのように与えられる.

$$Q(x) = \frac{w}{2}(l - 2x) \tag{B.18}$$

▶ 曲げモーメント:曲げモーメントはせん断力を積分して求める.式(B.8)に式(B.18)を代入すると,

$$M(x) = \int \frac{w}{2}(l - 2x)\mathrm{d}x + C = \frac{wl}{2}x - \frac{w}{2}x^2 + C \tag{B.19}$$

となる.ここで,支点 A はピン支点であり,「ピン支点やローラー支点なら,その位置で曲げモーメントは 0 となる」ので,つぎの条件が与えられる.

$$M(0) = 0 \tag{B.20}$$

よって，$C = 0$ となり，曲げモーメントはつぎの値となる．

$$M(x) = \int Q(x)\mathrm{d}x = \frac{wl}{2}x - \frac{w}{2}x^2 \tag{B.21}$$

なお，以上に説明したように，ピン支点やローラー支点を原点にとると，その位置の曲げモーメントは 0 となるので，原点から計算した Q 図の面積がそのまま M の値となる．

▶ 応力図：式(B.18)と式(B.21)をプロットして応力図を描いた結果が図 B.5 である．

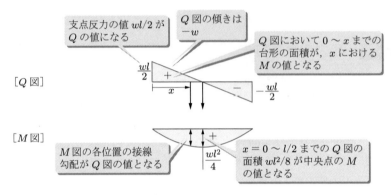

図 B.5　分布荷重が作用する単純ばりの応力図

以上の説明では式(B.16)と式(B.19)で積分計算を行ったが，より簡単に応力を計算することができるので，同じ問題について以下に解き方を紹介する．図 B.5 にはその考え方を示している．

＜せん断力＞

　　・式(B.12)から，支点 A のせん断力は支点反力と同じ値 $wl/2$ となる．

　　・式(B.3)から，せん断力の傾きは $-w$ となる．

　　・以上から，せん断力は支点 A で $wl/2$ となる傾き $-w$ の直線で表される．

＜曲げモーメント＞

　　・支点 A では曲げモーメントの値は 0 となる．したがって，式(B.8)の関係から支点 A を原点とする右向き座標において，$0 \sim x$ まで Q 図の面積が x の位置の曲げモーメントの値となる．

　　・以上から，梁の中央位置の曲げモーメントは三角形の面積としてつぎのように計算できる．

$$M = \frac{1}{2} \times \frac{wl}{2} \times \frac{l}{2} = \frac{wl^2}{8}$$

　　・支点 A と B で曲げモーメントの値は 0 となり，中央位置で $wl^2/8$ となるよう

M 図を描く. このとき, Q 図は 1 次関数なので, M 図は 2 次関数となることに注意する.

例題 B.1 図 B.6 に示すように, 集中荷重が三点に作用する単純梁の応力図を求めよ.

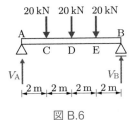

図 B.6

解 答

(1) 反力計算

支点反力は外力と反力の釣り合い条件からつぎのようになる.

$$V_A = 30\,\text{kN} \quad (上向き), \qquad V_B = 30\,\text{kN} \quad (上向き)$$

(2) 応力計算

▶ せん断力:図 B.7 に計算の概要を示す.

・支点 A のせん断力は支点反力と同じ値 (30 kN) となる. 区間 AC のせん断力は, 分布荷重が存在しないので一定となる (式(B.3)の関係による).

・式(B.11)から, 点 C では作用する荷重 (−20 kN) だけせん断力が変化 (減少) する. 区間 CD のせん断力は分布荷重が存在しないので一定となる.

・点 D では作用する荷重 (−20 kN) だけ, せん断力が変化 (減少) する.

・点 E では作用する荷重 (−20 kN) だけ, せん断力が変化 (減少) する.

・点 B では上向きに 30 kN の支点反力が作用し, せん断力とバランスする.

▶ 曲げモーメント:図 B.8 に計算の概要を示す.

・支点 A はピン支点なので, この位置で $M = 0$ となる. したがって, 式(B.8) の関係から Q 図の AC の積分値 (面積) $(= 60\,\text{kN·m})$ が点 C の曲げモーメントの値になる. なお, Q の値は一定なので積分した曲げモーメントは 1 次関数となる.

・Q 図の AD の積分値 (面積) $(60 + 20 = 80\,\text{kN·m})$ が点 D の曲げモーメントの値になる. なお, Q の値は一定なので, 区間 CD の曲げモーメントも 1 次関数となる.

・Q 図の AE の面積 $(60 + 20 - 20 = 60\,\text{kN·m})$ が点 E の曲げモーメントの値になる.

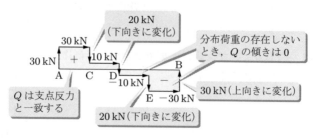

図 B.7 せん断力図の作成

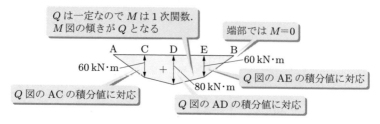

図 B.8 曲げモーメント図の作成

・点 B はピン支点なので $M = 0$ となる

（3）応力図

応力図は図 B.7，B.8 のようになる．

B.4 ▶ 曲げモーメントの最大値

図 B.9 に示す中央位置から左半分に分布荷重が作用する単純梁を対象に，曲げモーメントの最大値とその発生位置の計算方法を説明する．

まず，外力と反力の釣り合いから，支点反力はつぎのようになる．

$$V_\mathrm{A} = \frac{3wl}{8} \quad \text{（上向き）}, \qquad V_\mathrm{B} = \frac{wl}{8} \quad \text{（上向き）}$$

このとき，支点 A では $(Q = V_\mathrm{A})$ の関係が，支点 B では $(Q = -V_\mathrm{B})$ の関係が成

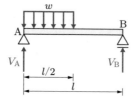

図 B.9 梁の半分に分布荷重を受ける単純梁

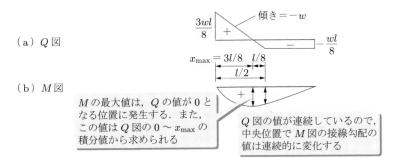

（a）Q 図

（b）M 図

M の最大値は，Q の値が 0 となる位置に発生する．また，この値は Q 図の $0 \sim x_{\max}$ の積分値から求められる

Q 図の値が連続しているので，中央位置で M 図の接線勾配の値は連続的に変化する

図 B.10　曲げモーメントの最大値発生位置

立する．また，$\mathrm{d}Q/\mathrm{d}x = -w$ の関係がある．以上から，Q 図は図 B.10(a) に示すようになる．支点 A で $M = 0$ となることに注意し，この Q 図を積分することで M 図を描くことができる．

　ここで，$\mathrm{d}M/\mathrm{d}x = Q$ の関係から，「曲げモーメントの最大値（最小値）は，Q の値が 0 となる位置に発生する」ことがわかる．この関係から，曲げモーメントの最大値発生位置 $x_{\max}$ は Q 図において $Q = 0$ となる位置（$l/2$ の長さを $3 : 1$ に内分する点）となり，つぎのように求められる．

$$x_{\max} = \frac{l}{2} \times \frac{3}{4} = \frac{3l}{8} \tag{B.22}$$

　このとき，曲げモーメントの最大値は，Q 図の（$0 \sim x_{\max}$）までの面積からつぎのように計算できる．Q 図から計算した曲げモーメントの値を図 B.10(b) に示す．

$$M_{\max} = \frac{1}{2} \times \frac{3wl}{8} \times \frac{3l}{8} = \frac{9wl^2}{128} \tag{B.23}$$

　このように，分布荷重と，せん断力，モーメントの関係を利用すると，曲げモーメントの最大値を容易に求めることができる．

　なお，式 (B.7) から「曲げモーメントの接線勾配がせん断力になる」ことから，「せん断力 Q の値が連続的に変化するとき，曲げモーメント M の接線勾配に不連続は生

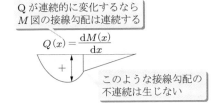

Q が連続的に変化するなら M 図の接線勾配は連続する

$$Q(x) = \frac{\mathrm{d}M(x)}{\mathrm{d}x}$$

このような接線勾配の不連続は生じない

図 B.11　不正確な曲げモーメント図（M 図）の例

じない」ことがわかる．今回の計算では，図 B.10 に示す梁の中央位置で，Q の値は連続的に変化しているので，M の接線勾配についても連続的に変化することとなる．つまり，図 B.11 に不正確な例として示すような，M 図の接線勾配の不連続は生じないことに注意する必要がある．

演習問題解答

第2章

2.1

合力 R の x 方向成分：$X = 10 \times \cos 60° - 10 \times \cos 30° + 10 \times \cos 45° = 3.41\,\mathrm{kN}$

合力 R の y 方向成分：$Y = 10 \times \sin 60° - 10 \times \sin 30° - 10 \times \sin 45° = -3.41\,\mathrm{kN}$

よって，式(2.11)より，合力 $R = 4.82\,\mathrm{kN}$，x 軸となす角度 $\theta = \tan^{-1}(-3.41/3.41) = -45°$ と求められる．

2.2 5力の合力は，

$$5 \times 3 - 10 \times 2 = -5\,\mathrm{kN} \quad (下向き)$$

となる．よって，合力の作用線までの距離は，式(2.14)からつぎのように求められる．

$$x_R = \frac{5 \times 2 - 10 \times 4 + 5 \times 6 + 5 \times 8 - 10 \times 10}{-5} = 12\,\mathrm{m}$$

2.3 P_1 と P_2 は偶力であり，これら2力の x 軸方向成分，y 軸方向成分ともに打ち消し合う関係にあるので，合力を考える場合には P_3 のみが残る．よって，合力の大きさは $20\,\mathrm{kN}$，角度は x 軸に対して $135°$ となり，式(2.14)から作用線の通る点の座標を求めると，つぎのようになる．

$$x_R = \frac{10 \times \sin 60° \times 1 - 10 \times \sin 60° \times 2 + 20 \times \sin 45° \times 4}{20 \cdot \sin 45°} = 3.39\,\mathrm{m}$$

$$y_R = \frac{-10 \times \cos 60° \times (-2) - 20 \times \cos 45° \times 1}{20 \cdot \cos 45°} = -0.29\,\mathrm{m}$$

したがって，この点を通り，傾き $135°$ の直線が作用線となる．

2.4 上下方向の力の釣り合いから，下向きに $2\,\mathrm{kN}$ の力を加える必要がある．棒の左端を原点 O とし，加える力の原点から作用線までの距離を $x\,\mathrm{m}$ として，左端まわりのモーメントの釣り合い式を立てると，つぎのようになる．

$$2 \times 6 - 3 \times 10 + 2x = 0 \quad \therefore x = 9\,\mathrm{m}$$

よって，棒の左端から $9\,\mathrm{m}$ の位置に $2\,\mathrm{kN}$ の力を下向きに加えればよい．

2.5

$$M_O = -P \times 2 - 8 + 4 \times 3 = -2P + 4$$

よって，$P = 0\,\mathrm{kN}$ のときの M_O は，$M_O = 4\,\mathrm{kN \cdot m}$．すなわち，$M_O$ は時計まわりに $4\,\mathrm{kN \cdot m}$ である．また，M_O が0となるときの P は，

$$M_O = -2P + 4 = 0 \quad \therefore P = 2\,\mathrm{kN}$$

以上より，P は右向きに $2\,\mathrm{kN}$．

2.6 (1) 剛体に作用している力の x 方向成分は，つぎのように求められる．

$$\sum X = -5 \times \frac{3}{5} = -3\,\text{kN} \qquad \therefore P_\text{A} = 3\,\text{kN} \quad (\text{右向き})$$

(2) 剛体に作用している力の y 方向成分は，つぎのように求められる．

$$\sum Y = -5 \times \frac{4}{5} = -4\,\text{kN} \qquad \therefore P_\text{C} = 4\,\text{kN} \quad (\text{上向き})$$

(3) ここでは，点 A まわりのモーメントの釣り合いを考える．点 A から 5 kN の力が作用する位置までのうでの長さは 2 m である．したがって，点 A まわりに剛体を回転させようとするモーメントは，つぎのように求められる．

$$\sum M = 5 \times 2 - 4 \times 4 + 6 = 0\,\text{kN·m}$$

$$\therefore M_\text{B} = 0\,\text{kN·m}$$

第 3 章

3.1 反力：$H_\text{B} = 0\,\text{kN}$, $V_\text{B} = 0\,\text{kN}$, $M_\text{B} = 20\,\text{kN·m}$

3.2 反力：$H_\text{B} = 0\,\text{kN}$, $V_\text{B} = 10\,\text{kN}$, $M_\text{B} = 30\,\text{kN·m}$

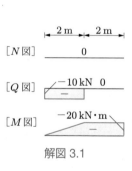

解図 3.1

解図 3.2

3.3　反力：$H_A = 0\,\mathrm{kN}$, $V_A = 30\,\mathrm{kN}$,
$\quad\quad M_A = -120\,\mathrm{kN \cdot m}$

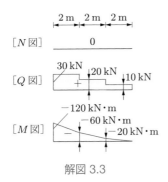

解図 3.3

3.4　反力：$H_B = 0\,\mathrm{kN}$, $V_B = 12\,\mathrm{kN}$,
$\quad\quad M_B = 20\,\mathrm{kN \cdot m}$
点 A より右向きに x 座標を設定する.
$$\begin{cases} 0\,\mathrm{m} \leqq x \leqq 2\,\mathrm{m} \ \text{で,} \ Q = -2x\,\mathrm{kN}, \\ \quad M = -x^2\,\mathrm{kN \cdot m} \\ 2\,\mathrm{m} \leqq x \leqq 4\,\mathrm{m} \ \text{で,} \ Q = -4x + 4\,\mathrm{kN}, \\ \quad M = -2x^2 + 4x - 4\,\mathrm{kN \cdot m} \end{cases}$$

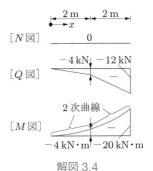

解図 3.4

3.5　反力：$H_B = 0\,\mathrm{kN}$, $V_B = 15\,\mathrm{kN}$,
$\quad\quad M_B = 30\,\mathrm{kN \cdot m}$
点 A より右向きに x 座標を設定する.
分布荷重の大きさは $w(x) = 5x/6$ となる
ので,
$$Q = \frac{5}{12}x^2, \ M = \frac{5}{36}x^3\,\mathrm{kN \cdot m}$$

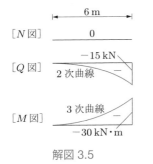

解図 3.5

3.6　反力：$H_A = 0\,\mathrm{kN}$, $V_A = 0\,\mathrm{kN}$,
$\quad\quad M_A = 18\,\mathrm{kN \cdot m}$
点 A より右向きに x 座標を設定する.
$$\begin{cases} 0\,\mathrm{m} \leqq x \leqq 3\,\mathrm{m} \ \text{で,} \ Q = -2x\,\mathrm{kN}, \\ \quad M = -x^2 + 18\,\mathrm{kN \cdot m} \\ 3\,\mathrm{m} \leqq x \leqq 6\,\mathrm{m} \ \text{で,} \ Q = 2x - 12\,\mathrm{kN}, \\ \quad M = x^2 - 12x + 36\,\mathrm{kN \cdot m} \end{cases}$$

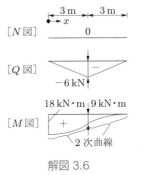

解図 3.6

3.7　反力：$H_\mathrm{B} = 0\,\mathrm{kN}$, $V_\mathrm{B} = 0\,\mathrm{kN}$,
　　　$M_\mathrm{B} = 0\,\mathrm{kN\cdot m}$

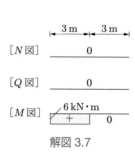

解図 3.7

3.8　反力：$H_\mathrm{B} = 0\,\mathrm{kN}$, $V_\mathrm{B} = 0\,\mathrm{kN}$,
　　　$M_\mathrm{B} = -15\,\mathrm{kN\cdot m}$

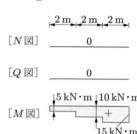

解図 3.8

3.9　反力：$H_\mathrm{A} = 0\,\mathrm{kN}$, $V_\mathrm{A} = 5\,\mathrm{kN}$,
　　　$M_\mathrm{A} = -23\,\mathrm{kN\cdot m}$

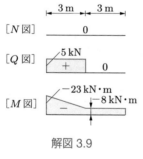

解図 3.9

3.10　反力：$H_\mathrm{B} = 0\,\mathrm{kN}$, $V_\mathrm{B} = 6\,\mathrm{kN}$,
　　　$M_\mathrm{B} = 0\,\mathrm{kN\cdot m}$
　　　点 A より右向きに x 座標を設定する.
$$\begin{cases} 0\,\mathrm{m} \leqq x \leqq 3\,\mathrm{m}\ \text{で},\ Q = 0\,\mathrm{kN}, \\ M = 9\,\mathrm{kN\cdot m} \\ 3\,\mathrm{m} \leqq x \leqq 6\,\mathrm{m}\ \text{で},\ Q = 6 - 2x\,\mathrm{kN}, \\ M = 6x - x^2\,\mathrm{kN\cdot m} \\ \quad = -(x-3)^2 + 9\,\mathrm{kN\cdot m} \end{cases}$$

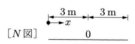

解図 3.10

第 4 章

4.1 反力：$H_A = 0\,\mathrm{kN}$, $V_A = 8\,\mathrm{kN}$, $V_B = 10\,\mathrm{kN}$

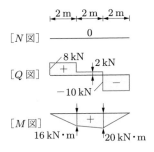

解図 4.1

4.2 反力：$H_A = 0\,\mathrm{kN}$, $V_A = 15\,\mathrm{kN}$, $V_B = 15\,\mathrm{kN}$

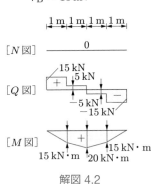

解図 4.2

4.3

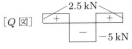

$(5\sqrt{3}) \times (\sqrt{3}/2) = 7.5$　より，

反力：$H_A = 0\,\mathrm{kN}$, $V_A = 2.5\,\mathrm{kN}$, $V_B = -2.5\,\mathrm{kN}$

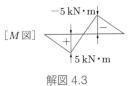

解図 4.3

4.4 反力：$V_A = 8\,\mathrm{kN}$, $H_B = 3\,\mathrm{kN}$, $V_B = 10\,\mathrm{kN}$

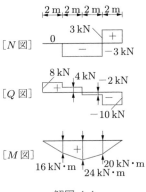

解図 4.4

4.5 反力：$H_A = 0\,\text{kN}$, $V_A = 6\,\text{kN}$,
$\qquad V_B = 6\,\text{kN}$

点 A より右向きに x 座標を設定する.

$2\,\text{m} \leqq x \leqq 5\,\text{m}$ で, $Q_x = -4x + 14\,\text{kN}$,

$M_x = -2x^2 + 14x - 8\,\text{kN·m}$
$\qquad = -2(x - 35)^2 + 16.5\,\text{kN·m}$

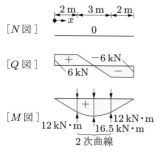

解図 4.5

4.6 反力：$H_A = 0\,\text{kN}$, $V_A = 8\,\text{kN}$,
$\qquad V_B = 8\,\text{kN}$

点 A より右向きに x 座標を設定する.

$$\begin{cases} 0\,\text{m} \leqq x \leqq 2\,\text{m} \text{ で, } Q_x = -4x + 8\,\text{kN}, \\ \quad M_x = -2x^2 + 8x\,\text{kN·m} \\ \qquad = -2(x - 2)^2 + 8\,\text{kN·m} \\ 5\,\text{m} \leqq x \leqq 7\,\text{m} \text{ で, } Q_x = -4x + 20\,\text{kN}, \\ \quad M_x = -2x^2 + 20x - 42\,\text{kN·m} \\ \qquad = -2(x - 5)^2 + 8\,\text{kN·m} \end{cases}$$

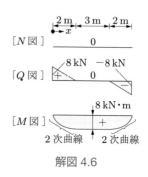

解図 4.6

4.7 反力：$H_A = 0\,\text{kN}$, $V_A = 1.5\,\text{kN}$,
$\qquad V_B = 3\,\text{kN}$

点 A より右向きに x 座標を設定する.

$Q_x = -\dfrac{x^2}{2} + \dfrac{3}{2}$, $M_x = -\dfrac{x^3}{6} + \dfrac{3}{2}x$

M_x が最大となるとき,

$\qquad Q_x = 0\,\text{kN} \qquad \therefore x \fallingdotseq 1.73\,\text{m}$

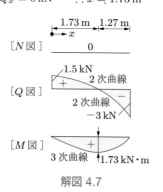

解図 4.7

4.8 反力：$H_A = 0\,\text{kN}$, $V_A = -2\,\text{kN}$,
$\qquad V_B = 2\,\text{kN}$

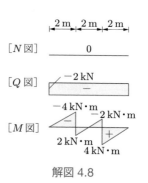

解図 4.8

4.9 　反力：$H_A = 0\,\mathrm{kN}$, $V_A = -3\,\mathrm{kN}$,
　　　　　　$V_B = 3\,\mathrm{kN}$

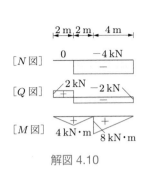

解図 4.9

4.10 　反力：$H_A = -4\,\mathrm{kN}$, $V_A = 2\,\mathrm{kN}$,
　　　　　　$V_B = 2\,\mathrm{kN}$

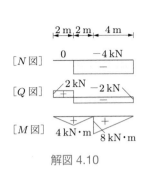

解図 4.10

第 5 章

5.1 　反力：$H_A = 0\,\mathrm{kN}$, $V_A = -20\,\mathrm{kN}$, $V_B = 80\,\mathrm{kN}$
点 A より右向きに x 座標を設定する.

$$\begin{cases} 0\,\mathrm{m} \leqq x \leqq 3\,\mathrm{m}\ \text{で,}\ Q_x = -20\,\mathrm{kN}, \\ M_x = -20x\,\mathrm{kN \cdot m} \\ 3\,\mathrm{m} \leqq x \leqq 5\,\mathrm{m}\ \text{で,}\ Q_x = 150 - 30x\,\mathrm{kN}, \\ M_x = -15(x-5)^2\,\mathrm{kN \cdot m} \end{cases}$$

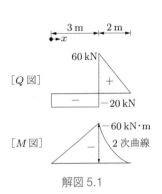

解図 5.1

5.2 　反力：$H_A = 0\,\mathrm{kN}$, $V_A = 10\,\mathrm{kN}$,
　　　　　　$V_B = 40\,\mathrm{kN}$

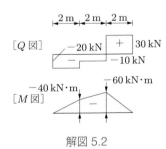

解図 5.2

5.3 　反力：$H_A = 0\,\mathrm{kN}$, $V_A = 10\,\mathrm{kN}$,
　　　　　　$V_B = -10\,\mathrm{kN}$

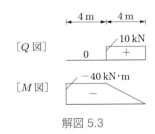

解図 5.3

5.4　反力：$H_A = 0\,\text{kN}$, $V_A = 5\,\text{kN}$, $V_B = 20\,\text{kN}$,
$\quad\quad V_C = -5\,\text{kN}$

点 A より右向きに x 座標を設定する.

$$\begin{cases} 0\,\text{m} \leqq x \leqq 3\,\text{m}\ \text{で},\ Q_x = 5 - 5x\,\text{kN}, \\ \quad M_x = -\dfrac{5}{2}x^2 + 5x\,\text{kN·m} \\ \quad\quad = -\dfrac{5}{2}(x-1)^2 + \dfrac{5}{2}\,\text{kN·m} \\ 3\,\text{m} \leqq x \leqq 4\,\text{m}\ \text{で},\ Q_x = 25 - 5x\,\text{kN}, \\ \quad M_x = -\dfrac{5}{2}x^2 + 25x - 60\,\text{kN·m} \\ \quad\quad = -\dfrac{5}{2}(x-5)^2 + \dfrac{5}{2}\,\text{kN·m} \end{cases}$$

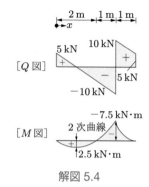

解図 5.4

5.5　反力：$H_A = 0\,\text{kN}$, $V_A = 1\,\text{kN}$,
$\quad\quad V_B = 0.5\,\text{kN}$, $V_C = -1.5\,\text{kN}$

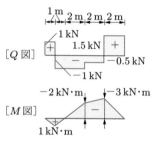

解図 5.5

5.6　ヒンジの右側およびヒンジを含む全体の
釣り合いを考える.

反力：$H_A = 0\,\text{kN}$, $V_A = 50\,\text{kN}$,
$\quad\quad V_B = 50\,\text{kN}$, $M_A = 200\,\text{kN·m}$

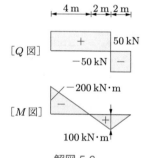

解図 5.6

5.7　反力：$H_A = -10\,\text{kN}$, $V_A = -10\,\text{kN}$, $V_B = 10\,\text{kN}$

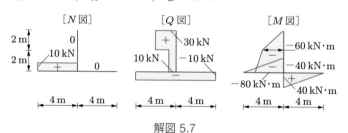

解図 5.7

5.8 反力：$H_A = 0\,\mathrm{kN}$, $V_A = -5\,\mathrm{kN}$, $V_B = 5\,\mathrm{kN}$

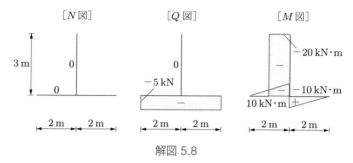

解図 5.8

5.9 反力：$V_A = -9\,\mathrm{kN}$, $H_B = -24\,\mathrm{kN}$, $V_B = 9\,\mathrm{kN}$

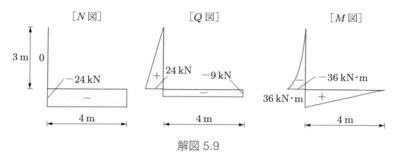

解図 5.9

5.10 反力：$H_A = -10\,\mathrm{kN}$, $V_A = -8\,\mathrm{kN}$, $V_B = 8\,\mathrm{kN}$

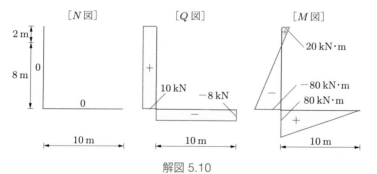

解図 5.10

第 6 章

6.1 反力：$H_A = 0\,\text{kN},\ V_A = 30\,\text{kN},\ V_B = 30\,\text{kN}$

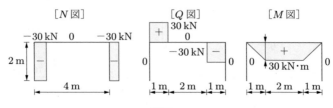

解図 6.1

6.2 反力：$H_A = -10\,\text{kN},\ V_A = -5\,\text{kN},\ V_B = 5\,\text{kN}$

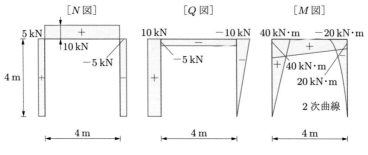

解図 6.2

6.3 反力：$H_A = 20\,\text{kN},\ V_A = 15\,\text{kN},\ V_B = -15\,\text{kN}$

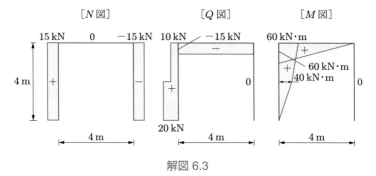

解図 6.3

6.4 反力：$H_A = 0\,\mathrm{kN}$, $V_A = -25\,\mathrm{kN}$, $V_B = 25\,\mathrm{kN}$

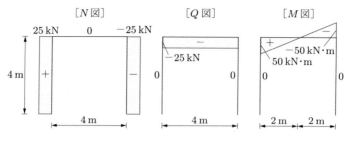

解図 6.4

6.5 反力：$H_A = 0\,\mathrm{kN}$, $V_A = -20\,\mathrm{kN}$, $V_B = 20\,\mathrm{kN}$

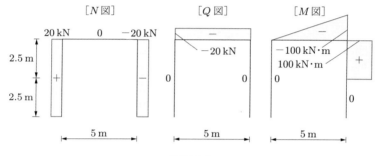

解図 6.5

6.6 反力：$H_A = 0\,\mathrm{kN}$, $V_A = 0\,\mathrm{kN}$, $V_B = 0\,\mathrm{kN}$

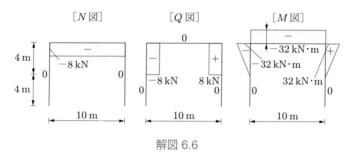

解図 6.6

6.7 反力：$H_A = -20\,\mathrm{kN},\ V_A = -16\,\mathrm{kN},\ V_B = 16\,\mathrm{kN}$

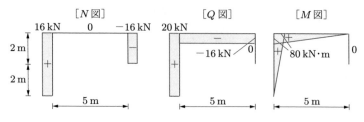

解図 6.7

6.8 反力：$V_A = 25\,\mathrm{kN},\ H_B = -50\,\mathrm{kN},\ V_B = 75\,\mathrm{kN}$

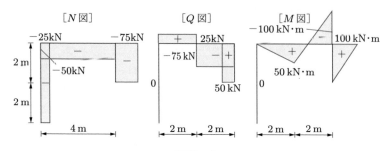

解図 6.8

6.9 反力：$H_A = 8\,\mathrm{kN},\ V_A = 10\,\mathrm{kN},\ H_B = -8\,\mathrm{kN},\ V_B = 10\,\mathrm{kN}$

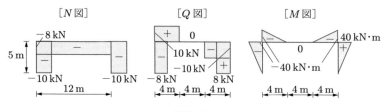

解図 6.9

6.10 反力：$H_A = -28\,\mathrm{kN},\ V_A = -4\,\mathrm{kN},\ H_B = -12\,\mathrm{kN},\ V_B = 24\,\mathrm{kN}$

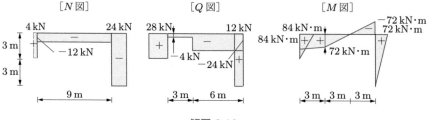

解図 6.10

第7章

7.1 A→E→C の順に計算する．対称性から $N_4 = N_8$ などの関係が成立する．

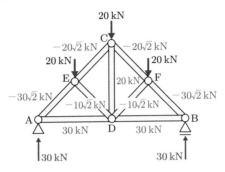

解図 7.1

7.2 A→C→F, B→D→G→H の順に計算する．

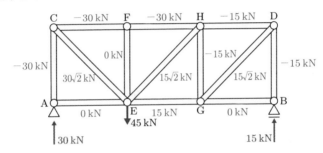

解図 7.2

7.3 A→C→F, B→D→G→H の順に計算する．

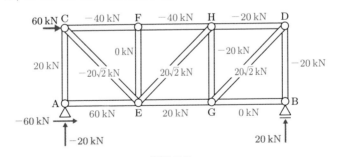

解図 7.3

7.4 鉛直方向の釣り合い：$N_9 + 20 = 0$ $\quad \therefore N_9 = -20\,\mathrm{kN}$

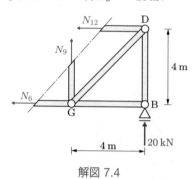

解図 7.4

7.5 A→C→D→F の順に計算する．対称性から $N_5 = N_9$ などの関係が成立する．

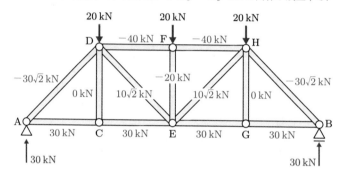

解図 7.5

7.6 点 E まわりのモーメントの釣り合い：$N_{10} \times 4 - 20 \times 4 + 30 \times 8 = 0$ $\quad \therefore N_{10} = -40\,\mathrm{kN}$

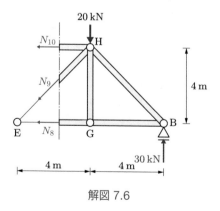

解図 7.6

7.7 A→C→D→F, B→G→H→E の順に計算する.

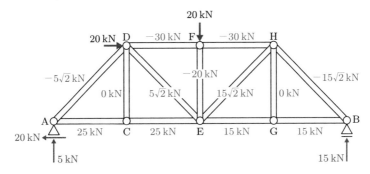

解図 7.7

7.8 点 H まわりのモーメントの釣り合い：$-N_8 \times 4 + 15 \times 4 = 0$ $\therefore N_8 = 15\,\text{kN}$

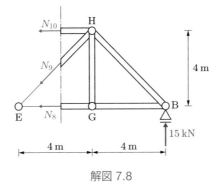

解図 7.8

7.9 鉛直方向の釣り合い：$-N_7 \sin 45° + 45 - 30 = 0$

点 F まわりのモーメントの釣り合い：$-N_6 \times 4 - 30 \times 4 = 0$

点 D まわりのモーメントの釣り合い：$N_8 \times 4 + 45 \times 4 - 30 \times 8 = 0$

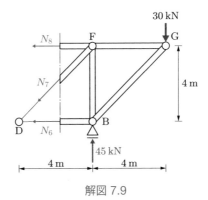

解図 7.9

$$\therefore N_6 = -30\,\text{kN}, \qquad N_7 = 15\sqrt{2}\,\text{kN}, \qquad N_8 = 15\,\text{kN}$$

7.10 鉛直方向の釣り合い：$N_2 \sin 45° - 10 = 0$

点 E まわりのモーメントの釣り合い：$N_1 \times 6 - 10 \times 6 + 10 \times 6 = 0$

点 A まわりのモーメントの釣り合い：$-N_3 \times 6 = 0$

$$\therefore N_1 = 0\,\text{kN}, \qquad N_2 = 10\sqrt{2}\,\text{kN}, \qquad N_3 = 0\,\text{kN}$$

鉛直方向の釣り合い：$N_{12} + N_5 \sin 45° + 10 = 0$

水平方向の釣り合い：$N_4 + N_5 \cos 45° + N_6 = 0$

点 B まわりのモーメントの釣り合い：$N_6 \times 6 = 0$

点 E まわりのモーメントの釣り合い：$-N_4 \times 6 + N_{12} \times 6 + 10 \times 6 = 0$

以上から N_{12} を消却すると，つぎのように求められる．

$$\therefore N_4 = 0\,\text{kN}, \qquad N_5 = 0\,\text{kN}, \qquad N_6 = 0\,\text{kN}$$

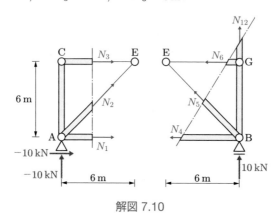

解図 7.10

第 8 章

8.1 $m = 3$, $r = 3$, $p = 2$, $k = 4$, $N = 0$　　静定構造

8.2 2 階の柱梁接合部にはそれぞれ 1 個の，1 階の柱梁接合部にはそれぞれ 2 個の剛接数をカウントする．

$\quad m = 6$, $r = 3$, $p = 6$, $k = 6$, $N = 3$　　3 次の不静定構造

8.3 梁と右側の柱の部材数はそれぞれ 2 とカウントする．梁と右側の柱の斜材の接合する位置にそれぞれ 1 個の剛接数をカウントする．

$\quad m = 6$, $r = 3$, $p = 4$, $k = 6$, $N = 1$　　1 次の不静定構造

8.4 $m = 4$, $r = 4$, $p = 2$, $k = 5$, $N = 0$　　静定構造

8.5 支点については支点反力のほうで計算するので，剛接数には含めない．

$\quad m = 6$, $r = 6$, $p = 6$, $k = 6$, $N = 6$　　6 次の不静定構造

8.6 $m = 9$, $r = 3$, $p = 0$, $k = 6$, $N = 0$　　静定構造

8.7 $m = 12$, $r = 3$, $p = 0$, $k = 7$, $N = 1$　　1 次の不静定構造

8.8 $m = 3$, $r = 5$, $p = 2$, $k = 4$, $N = 2$　　2 次の不静定構造

8.9　$m = 3$，$r = 6$，$p = 2$，$k = 4$，$N = 3$　　3 次の不静定構造
8.10　$m = 5$，$r = 5$，$p = 2$，$k = 6$，$N = 0$　　静定構造
8.11　$m = 2$，$r = 6$，$p = 0$，$k = 3$，$N = 2$　　2 次の不静定構造
8.12　$m = 4$，$r = 6$，$p = 2$，$k = 5$，$N = 2$　　2 次の不静定構造

第 9 章

9.1　垂直応力度 $\sigma = 6.67 \times 10^2\,\mathrm{N/mm^2}$，垂直ひずみ度 $\varepsilon = 3.2 \times 10^{-3}$，伸び $\delta = 16.1\,\mathrm{mm}$
9.2　$E = 2.55 \times 10^4\,\mathrm{N/mm^2}$，$\nu = 0.16$
9.3　$\tau = 16\,\mathrm{N/mm^2}$
9.4　$\tau = 50\,\mathrm{N/mm^2}$，$\gamma = 6.25 \times 10^{-4}$
$\therefore \Delta = 6.25 \times 10^{-2}\,\mathrm{mm}$，$E = 2(1 + \nu)G = 2.05 \times 10^5\,\mathrm{N/mm^2}$
9.5　$I_x = 560000\,\mathrm{mm^4}$，$Z_x = 18677\,\mathrm{mm^3}$，$I_y = 110000\,\mathrm{mm^4}$，$Z_y = 5500\,\mathrm{mm^3}$
9.6　L 形断面を図のように二つ（A_1, A_2）に分けて計算する．

①-1 個々の断面積と図心を計算する．

$$A_1 = 100 \times 30 = 3000\,\mathrm{mm^2}$$

$$A_2 = (120 - 30) \times 30 = 2700\,\mathrm{mm^2}$$

$$\sum A = A_1 + A_2 = 5700\,\mathrm{mm^2}$$

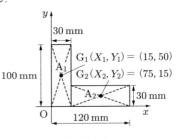

それぞれの図心を $\mathrm{G}_1\,(X_1, Y_1)$，$\mathrm{G}_2\,(X_2, Y_2)$ とすると，
座標を考慮して図より，

$$\mathrm{G}_1(X_1, Y_1) = (15, 50)$$

$$\mathrm{G}_2(X_2, Y_2) = (75, 15)$$

解図 9.1

となる．

①-2 断面一次モーメントを求める．

x 軸，y 軸に関する断面一次モーメントはそれぞれ，つぎのようになる．

$$S_x = \sum \mathrm{d}Ay = A_1 Y_1 + A_2 Y_2 = 3000 \times 50 + 2700 \times 15 = 190500\,\mathrm{mm^3}$$

$$S_y = \sum \mathrm{d}Ax = A_1 X_1 + A_2 X_2 = 3000 \times 15 + 2700 \times 75 = 247500\,\mathrm{mm^3}$$

①-3 L 形断面全体の図心 $\mathrm{G}\,(X, Y)$ の座標はつぎのとおりである．

$$X = \frac{S_y}{A} = \frac{247500}{5700} = 43.4\,\mathrm{mm}, \qquad Y = \frac{S_x}{A} = \frac{190500}{5700} = 33.4\,\mathrm{mm}$$

②-1 L 形断面における図心を通る X 軸，Y 軸を図のように設定する．

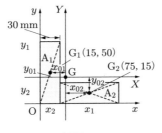

解図 9.2

X 軸に関する断面二次モーメント I_X は，A_1 の X 軸における断面二次モーメント I_{X_1} と A_2 の X 軸における断面二次モーメント I_{X_2} との和として求める．

$$I_X = I_{X_1} + I_{X_2}$$

まず，A_1，A_2 それぞれの X 軸に関する断面二次モーメント I_{X_1} と I_{X_2} を求める．

A_1，A_2 の図心を通る軸に関する断面二次モーメントを I_{x_1}，I_{x_2} とし，それぞれの図心から X 軸までの距離を y_{01}，y_{02} とする．

$$I_{X_1} = I_{x_1} + A_1 y_{01}^2 = \frac{30 \times 100^3}{12} + 3000 \times (50 - 33.4)^2 = 3326680 \,\mathrm{mm}^4$$

$$I_{X_2} = I_{x_2} + A_2 y_{02}^2 = \frac{90 \times 30^3}{12} + 2700 \times (33.4 - 15)^2 = 1116612 \,\mathrm{mm}^4$$

$$\therefore I_X = I_{X_1} + I_{X_2} = 3326680 + 1116612 = 4443292 \,\mathrm{mm}^4$$

②-2 同様にして，A_1，A_2 それぞれの Y 軸に関する断面二次モーメント I_{Y_1} と I_{Y_2} を求める．

A_1，A_2 の図心を通る軸に関する断面二次モーメントを I_{y_1}，I_{y_2} し，それぞれの図心から Y 軸までの距離を x_{01}，x_{02} とする．

$$I_Y = I_{Y_1} + I_{Y_2}$$

$$I_{Y_1} = I_{y_1} + A_1 x_{01}^2 = \frac{100 \times 30^3}{12} + 3000 \times (43.4 - 15)^2 = 2644680 \,\mathrm{mm}^4$$

$$I_{Y_2} = I_{y_2} + A_2 x_{02}^2 = \frac{30 \times 90^3}{12} + 2700 \times (75 - 43.4)^2 = 4518612 \,\mathrm{mm}^4$$

$$\therefore I_Y = I_{Y_1} + I_{Y_2} = 2644680 + 4518612 = 7163292 \,\mathrm{mm}^4$$

③ それぞれの断面係数を求める．

L 形断面の図心を通る軸から断面の上端または，下端までの距離を x_1，x_2 および y_1，y_2 とする．

・X 軸に関する断面係数

$$Z_{X_1} = \frac{I_X}{y_1} = \frac{4443292}{100 - 33.4} = 66716 \,\mathrm{mm}^3$$

$$Z_{X_2} = \frac{I_X}{y_2} = \frac{4443292}{33.4} = 133033 \,\mathrm{mm}^3$$

・Y 軸に関する断面係数

$$Z_{Y_1} = \frac{I_Y}{x_1} = \frac{7163292}{120 - 43.4} = 93516 \,\mathrm{mm}^3$$

$$Z_{Y_2} = \frac{I_Y}{x_2} = \frac{7163292}{43.4} = 165053 \,\mathrm{mm}^3$$

9.7　$S_x = 5687.5 \,\mathrm{mm}^3$，$S_y = 0$

図心 $(0, 20.68)$

$$I_x = 22041.57 \,\mathrm{mm}^4, \qquad Z_{x1} = 2362.44 \,\mathrm{mm}^3, \qquad Z_{x2} = 1066.36 \,\mathrm{mm}^3$$

$$I_y = 11510.42 \,\mathrm{mm}^4, \qquad Z_y = 767.36 \,\mathrm{mm}^3$$

9.8　最大の縁応力度は梁の中心位置で生じる．この点のモーメントは $62.5 \,\mathrm{kN \cdot m} = 6.25 \times 10^7 \,\mathrm{N \cdot mm}$ となる．また，$Z = 3 \times 10^6 \,\mathrm{mm}^3$ である．

$$\therefore \sigma = 20.8 \,\mathrm{N/mm}^2$$

9.9 最大せん断力は梁の両端位置で生じる．この点のせん断力は $150\,\mathrm{kN} = 1.5 \times 10^5\,\mathrm{N}$ となる．

$$\therefore \tau = 1.5 \times (1.5 \times 10^5/600 \times 300) = 1.25\,\mathrm{N/mm^2}$$

$\tau_y = 6Q_x/bD^3\{(D/2)^2 - y^2\}$（式 (9.48)）に $y = 150\,\mathrm{mm}$ を代入すると，点 A のせん断応力度は $\tau = 0.938\,\mathrm{N/mm^2}$ となる．

9.10 $\sigma = 6.40\,\mathrm{N/mm^2}$（右側：圧縮），$6.10\,\mathrm{N/mm^2}$（左側：引張）

第 10 章

10.1 支点 A を原点として右向きの x 座標を設定すると，曲げモーメント $M(x)$ は以下のように表せる．

$$M(x) = -3x^2 + 15x\,\mathrm{kN \cdot m}$$

EI の値を以下のように変換する．

$$2.0 \times 10^5\,\mathrm{N/mm^2} \times 3.0 \times 10^8\,\mathrm{mm^4} = 6.0 \times 10^{13}\,\mathrm{N \cdot mm^2} = 6.0 \times 10^4\,\mathrm{kN \cdot m^2}$$

よって，

$$\frac{\mathrm{d}^2\delta(x)}{\mathrm{d}x^2} = -\frac{M}{EI} = \frac{3x^2 - 15x}{6.0 \times 10^4} = \frac{x^2 - 5x}{2.0 \times 10^4}$$

となる．上式を 2 回積分すると，つぎのようになる．

$$\theta(x) = \frac{1}{12.0 \times 10^4}(2x^3 - 15x^2) + C_1, \qquad \delta(x) = \frac{1}{24.0 \times 10^4}(x^4 - 10x^3) + C_1 x + C_2$$

ここで，C_1，C_2 は積分定数である．境界条件として，支点 A，B ではたわみ δ は 0 となるので，

$$\delta(0) = C_2 = 0$$

$$\delta(5) = \frac{625 - 1250}{24.0 \times 10^4} + 5C_1 = 0 \qquad \therefore C_1 = \frac{125}{24.0 \times 10^4}$$

となる．よって，つぎのように求められる．

$$\delta(x) = \frac{1}{24.0 \times 10^4}(x^4 - 10x^3 + 125x)\,\mathrm{m}$$

10.2 支点 A を原点とし右向きの x 座標を設定すると，曲げモーメント $M(x)$ は以下のように表せる．

$$M(x) = -M_0\,\mathrm{kN \cdot m}$$

よって，

$$\frac{\mathrm{d}^2\delta(x)}{\mathrm{d}x^2} = -\frac{M}{EI} = \frac{M_0}{EI}$$

となる．上式を 2 回積分すると，つぎのようになる．

$$\theta(x) = \frac{M_0 x}{EI} + C_1, \qquad \delta(x) = \frac{M_0 x^2}{2EI} + C_1 x + C_2$$

ここで，C_1，C_2 は積分定数である．境界条件として，支点 B ではたわみ角 θ とたわみ δ は 0 となるので，

$$\theta(l) = \frac{M_0 l}{EI} + C_1 = 0 \qquad \therefore C_1 = -\frac{M_0 l}{EI}$$

$$\delta(l) = \frac{M_0 l^2}{2EI} - \frac{M_0 l}{EI}l + C_2 = 0 \qquad \therefore C_2 = \frac{M_0 l^2}{2EI}$$

となる．よって，つぎのように求められる．

$$\delta(x) = \frac{M_0}{2EI}x^2 - \frac{M_0 l}{EI}x + \frac{M_0 l^2}{2EI} = \frac{M_0}{2EI}(x^2 - 2lx + l^2)$$

10.3 支点 A を原点とし右向きの x 座標を設定すると，曲げモーメント $M(x)$ は以下のように表せる．

$$M(x) = \frac{w}{6l}(-x^3 + l^2 x)$$

よって

$$\frac{\mathrm{d}^2\delta(x)}{\mathrm{d}x^2} = -\frac{M}{EI} = \frac{w}{6EIl}(x^3 - l^2 x)$$

となる．上式を 2 回積分すると，つぎのようになる．

$$\theta(x) = \frac{w}{6EIl}\left(\frac{x^4}{4} - \frac{l^2}{2}x^2\right) + C_1, \qquad \delta(x) = \frac{w}{6EIl}\left(\frac{x^5}{20} - \frac{l^2}{6}x^3\right) + C_1 x + C_2$$

ここで，C_1，C_2 は積分定数である．境界条件として，支点 A，B ではたわみ δ は 0 となるので，

$$\delta(0) = C_2 = 0$$

$$\delta(l) = \frac{w}{6EI}\left(\frac{l^4}{20} - \frac{l^4}{6}\right) + C_1 l = 0 \qquad \therefore C_1 = \frac{7wl^3}{360EI}$$

となる．よって，つぎのように求められる．

$$\delta(x) = \frac{w}{6EI}\left(\frac{x^5}{20l} - \frac{l}{6}x^3 + \frac{7l^3}{60}x\right)$$

10.4 M 図をもとに，解図 10.1 のような分布荷重が作用する問題に置き換える．

点 A の支点反力（せん断力）から，次式が得られる．

$$\theta_A(= Q_A) = \frac{1}{2}\left(\frac{Pl}{4EI}\right)\frac{l}{2} = \frac{Pl^2}{16EI}$$

点 C より左側の自由体の釣り合いを考え，点 C のモーメントを計算する．分布荷重の重心位置（三角形の重心位置を考慮すると）は点 C から $(l/2) \times (1/3)$ だけ左側にあることに注意する．

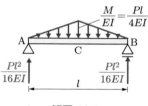

解図 10.1

$$\delta_C(= M_C) = \left(\frac{Pl^2}{16EI}\right)\frac{l}{2} - \left(\frac{Pl^2}{16EI}\right)\frac{l}{6} = \frac{Pl^3}{48EI}$$

10.5 M 図をもとに，解図 10.2 のような分布荷重が作用する問題に置き換える．

点 B の仮想荷重分布は以下になる．

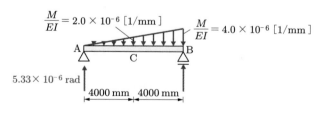

解図 10.2

$$\frac{M}{EI} = \frac{8 \times 10^7 \text{ N·mm}}{2.0 \times 10^5 \text{ N/mm}^2 \times 1.0 \times 10^8 \text{ mm}^4} = 4.0 \times 10^{-6} \text{ [1/mm]}$$

点 A の支点反力（せん断力）からつぎのようになる．

$$\theta_\text{A}(= Q_\text{A}) = \frac{1}{3}\left(\frac{4.0 \times 10^{-6} \times 8000}{2}\right) = 5.33 \times 10^{-3} \text{ [rad]}$$

点 C より左側の自由体の釣り合いを考え，点 C のモーメントを計算する．分布荷重の重心位置は点 C から 4000/3 mm だけ右側にあることに注意する．

$$\delta_\text{C}(= M_\text{C}) = 5.33 \times 10^{-3} \times 4000 - \left(\frac{2 \times 10^{-6} \times 4000}{2}\right)\frac{4000}{3} = 16.0 \text{ mm}$$

10.6 M 図をもとに，解図 10.3 のような分布荷重が作用する問題に置き換える．

点 B の仮想荷重は以下になる．

$$\frac{M}{EI} = \frac{120 \text{ kN·m}}{1.00 \times 10^5 \text{ kN·m}^2} = 1.2 \times 10^{-3} \text{ [1/m]} \text{（上向き）}$$

解図 10.3

よって，点 A の曲げモーメントから，つぎのように求められる．

$$\delta_\text{A}(= M_\text{A}) = \left(\frac{1.2 \times 10^{-3} \times 6}{2}\right)\frac{2 \times 6}{3} = 1.44 \times 10^{-2} \text{ m} = 14.4 \text{ mm}$$

索 引

著 者 略 歴

土方　勝一郎（ひじかた・かついちろう）
　1955 年　東京都に生まれる
　1981 年　東京大学大学院修士課程修了
　　　　　元芝浦工業大学建築学部建築学科教授，博士（工学）

隈澤　文俊（くまざわ・ふみとし）
　1961 年　東京都に生まれる
　1984 年　芝浦工業大学卒業
　現　在　芝浦工業大学建築学部建築学科教授，博士（工学）

椛山　健二（かばやま・けんじ）
　1967 年　広島県に生まれる
　1996 年　東京大学大学院博士課程修了
　現　在　芝浦工業大学建築学部建築学科教授，博士（工学）

岸田　慎司（きしだ・しんじ）
　1970 年　埼玉県に生まれる
　1999 年　東京工業大学大学院博士課程修了
　現　在　芝浦工業大学建築学部建築学科教授，博士（工学）

小澤　雄樹（おざわ・ゆうき）
　1974 年　群馬県に生まれる
　2000 年　東京大学大学院修士課程修了
　現　在　芝浦工業大学建築学部建築学科教授，博士（工学）

編集担当　加藤義之（森北出版）
編集責任　富井　晃（森北出版）
組　　版　中央印刷
印　　刷　同
製　　本　ブックアート

よくわかる建築構造力学Ⅰ
©　土方勝一郎・隈澤文俊・椛山健二・岸田慎司・小澤雄樹　2020

2020 年 4 月 24 日　第 1 版第 1 刷発行　　【本書の無断転載を禁ず】
2022 年 5 月 12 日　第 1 版第 3 刷発行

著　　者　土方勝一郎・隈澤文俊・椛山健二・岸田慎司・小澤雄樹
発 行 者　森北博巳
発 行 所　森北出版株式会社
　　　　　東京都千代田区富士見 1-4-11（〒102-0071）
　　　　　電話 03-3265-8341／FAX 03-3264-8709
　　　　　https://www.morikita.co.jp/
　　　　　日本書籍出版協会・自然科学書協会　会員
　　　　　JCOPY ＜（一社）出版者著作権管理機構　委託出版物＞

落丁・乱丁本はお取替えいたします.

Printed in Japan／ISBN 978-4-627-55411-5